essentials

Essentials liefern aktuelles Wissen in konzentrierter Form. Die Essenz dessen, worauf es als „State-of-the-Art" in der gegenwärtigen Fachdiskussion oder in der Praxis ankommt. *Essentials* informieren schnell, unkompliziert und verständlich

- als Einführung in ein aktuelles Thema aus Ihrem Fachgebiet
- als Einstieg in ein für Sie noch unbekanntes Themenfeld
- als Einblick, um zum Thema mitreden zu können

Die Bücher in elektronischer und gedruckter Form bringen das Fachwissen von Springerautor*innen kompakt zur Darstellung. Sie sind besonders für die Nutzung als eBook auf Tablet-PCs, eBook-Readern und Smartphones geeignet. *Essentials* sind Wissensbausteine aus den Wirtschafts-, Sozial- und Geisteswissenschaften, aus Technik und Naturwissenschaften sowie aus Medizin, Psychologie und Gesundheitsberufen. Von renommierten Autor*innen aller Springer-Verlagsmarken.

Andreas Hertel · Jeanette Herzog ·
Dominik Grolimund

Selbstorganisation mit Holakratie

…eine Frage der Kultur!

Andreas Hertel
Olhão, Portugal

Jeanette Herzog
Goldach, Schweiz

Dominik Grolimund
Zürich, Schweiz

ISSN 2197-6708   ISSN 2197-6716 (electronic)
essentials
ISBN 978-3-662-68776-5   ISBN 978-3-662-68777-2 (eBook)
https://doi.org/10.1007/978-3-662-68777-2

Die Deutsche Nationalbibliothek verzeichnet diese Publikation in der Deutschen Nationalbibliografie; detaillierte bibliografische Daten sind im Internet über http://dnb.d.nb.de abrufbar.

Planung/Lektorat: Marion Kraemer
Springer ist ein Imprint der eingetragenen Gesellschaft Springer-Verlag GmbH, DE und ist ein Teil von Springer Nature.
Die Anschrift der Gesellschaft ist: Heidelberger Platz 3, 14197 Berlin, Germany

Das Papier dieses Produkts ist recyclebar.

Was Sie in diesem *essential* finden können

- Einführung in das Konzept der Selbstorganisation und dessen Bedeutung für Unternehmen, die auf die Herausforderungen der modernen Geschäftswelt reagieren wollen.
- Hervorhebung der Rolle der Organisationskultur als entscheidender Einflussfaktor für erfolgreiche selbstorganisierte Zusammenarbeit in Unternehmen.
- Präsentation der holakratischen Spielregeln in einer leicht zugänglichen Form, um den Einstieg in diese Organisationsmethode zu erleichtern.
- Eine kritische Perspektive auf die Holakratie.
- Bereitstellung praktischer Hinweise und Beispiele für die effektive Nutzung von Holakratie in Organisationen, um die Umsetzung dieses Konzepts zu erleichtern.

Vorwort

Die Grundidee der Holakratie klingt zunächst spannend. Sie verspricht nichts weniger als die Steigerung von Klarheit, Anpassungsfähigkeit und die Machtverteilung in Organisationen. Doch sie umfasst mit ihrem Fokus auf Strukturen und Prozesse lediglich einen Teilausschnitt der Organisationswelt. Zudem ist sie stark formalisiert. Wie soll mit einem derart nüchternen Regelwerk eine wirkungsvolle Selbststeuerung möglich sein?

Erfolgsfaktoren aus unserer Sicht: konsequente Unterstützung aller Organisationsmitglieder, die entweder als Führungskräfte Macht in die Organisation (ab)geben oder als Mitarbeitende eine neue Klarheit in der Organisation entwickeln und dabei Verantwortung verteilen und übernehmen. Dies bedingt Veränderung über die Strukturelemente der Holakratie hinaus, um kulturelle Qualitäten zu fördern, die für gelingende Selbstorganisation erfolgskritisch sind. Nicht die Holakratie ist der Schlüsselfaktor, sondern eine resonante und psychologisch sichere Organisationskultur.

Dieses Buch wäre ohne die Unterstützung von Menschen, die durch praktische Einblicke und insgesamt zum Entstehungsprozess beigetragen haben, nicht möglich gewesen. Unser Dank gilt dem Institut für Angewandte Psychologie (IAP) und dort insbesondere Prof. Dr. Christoph Steinebach, Prof. Dr. Christoph Negri, Prof. Dr. Daniel Süss, Prof. Dr. Eric Lippmann sowie Prof. Dr. Andres Pfister. Sie haben dieses Projekt von Beginn an unterstützt und gefördert.

Ein herzlicher Dank geht an diverse Wegbereiter:innen für selbstorganisiertes Arbeiten mit Holakratie im deutschsprachigen Raum. Sie haben Dominik Grolimund ihr umfangreiches praktisches Erfahrungswissen im Rahmen einer Forschungsarbeit in qualitativen Interviews zur Verfügung gestellt. Ihr gesammeltes Wissen fließt in dieses Buch mit ein: Juliane Martina Röll (Structure &

Process), Ivo Bättig (Unic), Eleonora Weistroffer, Patrick Scheurer und Dennis Wittrock (Xpreneurs), Anke Lessmann und Carola Giese-Brandt (bewusstes unternehmen), Anna Jantscher (die Neuwaldegg). Stefanie Bläser danken wir fürs Gegenlesen und die wertvollen Verbesserungsvorschläge.

Im Dezember 2023   Andreas Hertel
                                                                          Jeanette Herzog
                                                                     Dominik Grolimund

Inhaltsverzeichnis

Tabellenverzeichnis

Einleitung

Stell dir vor, du arbeitest in einer Organisation, in der keine traditionelle Hierarchie existiert, sondern Entscheidungsmacht verteilt ist. Es existieren Organigramme und klare Verantwortlichkeiten, die sich jedoch fortlaufend dezentral aktualisieren. Mitarbeitende treffen ihre Entscheidungen weitestgehend autonom und gleichzeitig im Einklang mit den Interessen der Organisation, um maximale Wirkung zu entfalten. Sie organisieren und gestalten ihre Arbeit selbst, stimmen sich systematisch ab und wirken entlang ihrer individuellen Fähigkeiten und Talente in klar definierten Rollen.

Klingt zu schön, um wahr zu sein? Willkommen in der Welt der Holakratie. In diesem Buch werden wir uns mit diesem Ansatz zur Selbstorganisation beschäftigen, der in den letzten Jahren immer mehr Aufmerksamkeit gewonnen hat. Bereite dich darauf vor, deine Vorstellungen von wirkungsvollen Organisationsstrukturen zu erweitern und dich auf eine Reise zu begeben, in der die selbstgesteuerte und selbstorganisierte Arbeitsweise im Mittelpunkt steht. Eine Arbeitsweise und Struktur, deren Potenzial und Wirkung sich maßgeblich in einer kooperativen Organisationskultur entfalten.

Wenn du dich für (Selbst-)Organisationsformen im Allgemeinen und Holakratie im Speziellen interessierst, möchten wir dir mit diesem Buch den Einstieg erleichtern. Es ist als praxisorientierte Inspiration gedacht und keineswegs als abgeschlossene Anleitung. Wir werden in Referenzen auf angeschlossene Themen- und Handlungsfelder verweisen, die für eine gelingende Implementierung von selbstorganisierten Arbeitsweisen wertvoll sein können.

Was macht Selbstorganisation aus? Welche Bausteine hält die Holakratie bereit? Welche Dynamik entfalten ihre Spielregeln? Was gilt es neben dem Regelwerk zu berücksichtigen, um eine wirksame Selbstorganisation zu etablieren? Wir

A. Hertel et al., *Selbstorganisation mit Holakratie*, essentials, https://doi.org/10.1007/978-3-662-68777-2_1

werden uns mit Möglichkeiten und Herausforderungen auseinandersetzen, die mit der Einführung von Holakratie einhergehen können. Zudem werden wir einen praxisorientierten Blick auf die Vor- und Nachteile dieses Ansatzes werfen und Kritikpunkte streifen.

Das Buch soll helfen zu verstehen, was Holakratie bedingt, was sie leisten kann und was nicht. Holakratie ist eine Herausforderung, eine Weiterentwicklung, eine Chance. Wir sehen in der Holakratie eine mögliche Organisationsform (neben weiteren ähnlich gelagerten Ansätzen für Selbstorganisation) und keineswegs das Maß aller Dinge oder gar einen Selbstläufer. Unternehmen, die sich zur Einführung holakratischer Ansätze entschließen, sollten wissen, dass sie damit einen anspruchsvollen, jedoch vielversprechenden Veränderungsprozess für sich einleiten. Diesen gilt es aktiv zu unterstützen, damit er seine Potenziale entfalten kann.

Unser Buch richtet sich an interne sowie externe Organisationsentwickler:innen und -berater:innen, Studierende der Arbeits- und Organisationspsychologie sowie der Angewandten Psychologie und interessierte Menschen, die wissen möchten, was hinter Begriffen wie „Selbstorganisation" und „Holakratie" steckt.

Selbstorganisation – ein bewährtes Phänomen

2

Selbstorganisation ist in unserer Gesellschaft nicht neu. Es gibt für uns alle vertraute Bereiche, die selbstorganisiert funktionieren. Wir denken da an Gemeinschaftsgärten, die kollektiv geplant, gepflegt und geerntet werden, wobei die Beteiligten ihre Kenntnisse und Arbeitskraft einbringen. Oder an Initiativen, die sich für Nachbarschaftshilfe, Umweltaktionen oder Straßenfeste stark machen. Jegliche Freiwilligenarbeit, wie beispielsweise die langjährig erfolgreiche Arbeit von Organisationen wie den Anonymen Alkoholikern bis hin zur Open-Source-Softwareentwicklung, kann ebenfalls als Beispiel für Selbstorganisation angesehen werden. Sie alle werden getragen von gewissen gemeinsamen Spielregeln, Strukturen und einem hohen Maß an intrinsischer Motivation und Aktivität.

Weitere anschauliche Beispiele für selbstorganisierte Muster stellen Teamsportarten wie Fußball, Handball oder Rugby dar. Langfristig geht es den Teams darum, zu spielen und im (unendlichen) Spiel zu verweilen. Dafür arbeiten sie strategisch und operativ daran, einen möglichst guten Platz in der Liga zu erreichen, die Fanbase zu pflegen, sich wirtschaftlich zu behaupten und vieles mehr. Mit Blick auf ein einzelnes (endliches) Spiel zweier Teams geht es jeder Mannschaft darum, gemeinsam bestmöglich zu spielen und das jeweilige Match zu gewinnen.

Im konkreten Spielverlauf lassen sich Muster selbstorganisierter Handlungsweisen und dezentraler Entscheidungsfindung beobachten: Innerhalb der einzelnen Spiele gelten bestimmte Regeln gleichermaßen für alle. Es gibt zudem klare Rollen für die Spielenden und es werden vor dem Spiel neben physischen Trainings auch erfolgversprechende Taktiken abgestimmt und geübt. Im Spiel selbst unterliegen Spielaufbau und Ablauf jedoch immer einer unvorhersehbaren Dynamik. Dadurch wird es nötig, dass die Spielenden zur Laufzeit fortwährend eigene

A. Hertel et al., *Selbstorganisation mit Holakratie*, essentials, https://doi.org/10.1007/978-3-662-68777-2_2

Entscheidungen treffen und ausführen, z. B. wohin sie abspielen oder wann sie einen Torschuss wagen.

Eine zentrale Instanz für Steuerung und Entscheidung wäre während des Spiels zu weit entfernt und zu langsam. Im Spiel müssen daher die Spieler:innen abhängig von der jeweiligen Situation entscheiden, was in welchem Moment das optimale Handeln für das Team und damit für den Sinn und Zweck des gemeinsamen Wirkens ist. Damit beeinflussen sie den Spielverlauf und dessen Dynamik in selbstorganisierter Weise. Sie tun dies entlang klar definierter Rollen, mit ihren jeweiligen Fähigkeiten, fokussiert auf ein gemeinsames Ziel und im Einklang mit dem geltenden Regelwerk. Die Mitspieler:innen reagieren auf den Spielverlauf und richten sich am gemeinsamen Ziel aus.

Aspekte von Selbststeuerung und -organisation sind uns allen sicherlich auch aus dem Privatleben bekannt. Auch hier engagieren wir uns für sinnstiftende Ziele, übernehmen Verantwortung in Rollen und widmen uns zuweilen (strategischer) Zukunftsplanung. Wir treffen weitreichende Investitionsentscheidungen, sorgen für gemeinsame Abstimmung und Entscheidungsfindung, während wir unser Leben meistern. All dies sind Aspekte, die mit (Selbst-)Führung oder Selbstorganisation in Verbindung gebracht werden können.

Heute erfahren klassische Unternehmen, die über zentrale und hierarchische Strukturen gesteuert sind, noch immer die größte Verbreitung. Sie haben zweifellos fundierte Fähigkeiten und wertvolle Routinen kultiviert, die insbesondere für stabile Umweltbedingungen nützlich sind. Allerdings scheitern sie strukturell und kulturell daran, schnell und innovativ auf Dynamik und Veränderungen reagieren zu können (Laloux & Wilber, 2014).

Die Weiterentwicklung zu mehr Selbstorganisation mit verteilten Autoritäten verspricht jedoch einen nicht zu unterschätzenden unternehmerischen Nutzen. Denn Selbstorganisation ermöglicht sowohl mit Stabilität, Sicherheit und Ordnung – also den Umfeldbedingungen des 20. Jahrhunderts – als auch mit Dynamik, Unsicherheit und Komplexität – den Herausforderungen des 21. Jahrhunderts – effektiv umzugehen.

Zugegeben, Selbstorganisation ist nicht die finale Antwort auf die Herausforderungen unserer Zeit. Sie bietet jedoch einen anderen, vielversprechenden Umgang damit an.

Klassischerweise kommt es heute in Unternehmen alle paar Jahre zu einer zentral gesteuerten Umstrukturierung, wobei Teams neu geordnet und Leitungsfunktionen neu zugeordnet werden, um den aktuellen Umfeldbedingungen möglichst gerecht zu werden. Dies ist vergleichbar mit einem großen Software-Update eines Betriebsystems. Die Teams werden dabei von außen organisiert und bleiben dann für die kommenden Jahre in ihrer statischen Formation bestehen – bis die nächste Reorganisation für Anpassung sorgt. Die notwendige Klarheit über Verantwortlichkeiten, welche eine Voraussetzung für schnelle Entscheidungsfindung bildet, nimmt im Verlauf dieser Zeit stetig ab. Tatsächlich liefern Organigramme oft nur eine sehr unscharfe und unvollständige Einsicht zu Aufgaben und Verantwortlichkeiten.

Stellen wir uns nun vor, eine Organisation würde ihre Aufbauorganisation im Einklang mit inneren und äußeren Einflüssen ständig dezentral aktualisieren. Gesteuert und modelliert wird dies durch das Team selbst. Operative und strukturelle Entscheidungen werden dort getroffen, wo die Arbeit erledigt wird und die Kenntnis zu Kontext und Erfordernissen am höchsten ist. Daraus resultiert Klarheit und Orientierung in Bezug auf Aufgaben und Verantwortlichkeiten der Organisation, die stets aktuell und verlässlich sind. Dies ist für die operative Arbeit ein nicht zu unterschätzender Mehrwert, da infolgedessen Orientierung und Handlungsfähigkeit gesteigert werden.

▶Im Kontext dieses Buches verstehen wir Selbstorganisation als Fähigkeit von Menschen, Teams und Organisationen, sich kollektiv und kooperativ im Einklang mit einem richtungsweisenden Daseinszweck auszurichten und sich dabei dezentral selbst zu strukturieren, Entscheidungen lokal und gleichzeitig im Einklang mit äußeren Gegebenheiten zu treffen und lokale Arbeitsweisen autonom zu gestalten. Dabei ist keine Steuerung oder Kontrolle von außen notwendig, um effektiv und effizient zu arbeiten. Trotz der strukturellen Autonomie sind die einzelnen Entitäten der Organisation in einer netzwerkartigen Kopplung verbunden.

Ein wichtiges Merkmal der Selbstorganisation ist, dass sie mit Stabilität ebenso souverän umgehen kann wie mit Überraschungen. Zudem ist sie in der Lage, auf Herausforderungen und Überraschungen so zu reagieren, dass daraus wieder ein Zustand der Stabilität und Ordnung resultiert. Die Grundlage dafür liegt in transparenten und explizit beschriebenen Strukturen und Routinen, die Menschen entlang ihrer Rollen ermächtigten, die operativen Prozesse und die Aufbauorganisation beeinflussen und mitgestalten zu können. Daraus resultiert der Raum für spontanes Entstehen von Lösungen als neuen Ordnungsmustern – nämlich aus der Dynamik des Systems selbst heraus (Schreyögg & Chmielewicz, 2004).

Selbstorganisierte Ansätze in Unternehmen machen den Daseinszweck (engl. Purpose) der Organisation und ihrer Rollen explizit und erhöhen damit die Möglichkeit für Mitarbeitende, sich mit ihren Verantwortlichkeiten und ihrem Sinn zu identifizieren. Derartige selbstbestimmte Gestaltungsoptionen bilden in Kombination mit Sinnorientierung und Weiterentwicklungsmöglichkeiten die wesentlichen Grundbedingungen für gesteigerte intrinsische Motivation und individuelles Engagement (Pink, 2017).

Ein verbreiteter Mythos besagt, dass man in der Selbstorganisation keine Führung und keine Hierarchien braucht. Tatsächlich ist das Gegenteil der Fall, da die Notwendigkeit zur verteilten Führung steigt und die dafür notwendigen Kompetenzen viel breiter in der Organisation vorliegen müssen. Des Weiteren existieren ab einer gewissen Organisationsgröße stets auch automatisch Hierarchien im Sinne von übergeordneten und untergeordneten Entitäten der Organisation, z. B. als Team einer Abteilung oder als Subteam innerhalb eines Teams.

Der Unterschied zur klassischen Organisation ist jedoch, dass die Autorität, also die Entscheidungshoheit und Verantwortung, an die Teams verteilt wird, anstatt sie an der Spitze der Unternehmenspyramide zu bündeln. Infolgedessen findet de facto mehr Führung innerhalb des Organisationssystems statt. Diese Führung hat jedoch einen anderen Charakter, da mehr Selbstführung und Verantwortungsübernahme als Fremdsteuerung gelebt werden. Personen und Teams führen und folgen sich dabei auch wechselseitig entlang der jeweiligen Kompetenzen und Verantwortlichkeiten. Wo nötig wird auch auf Verantwortlichkeiten verwiesen, sodass die Organisation Subsidiarität statt Zentralismus lebt (Rüther, 2018).

Spannend erscheint weiter, dass nach Kirchner zwischenmenschliche Beziehungen stets auch hierarchische Beziehungen sind, da die Hierarchie als „Ordnungskategorie für konstruktives Zusammensein" betrachtet werden kann (Kirchner, 1991, S. 54). Daraus lässt sich ablesen, dass nicht der zentrale Punkt ist, ob Hierarchie vorhanden ist, sondern viel eher wie dieses Phänomen verstanden und gelebt wird. „Der Wert einer Führungsbeziehung allerdings wird davon bestimmt, in welchem Lebensgefühl Führende und Geführte ihre Begegnungen erleben" (Kirchner, 1991, S. 54). Die Kultur, in der Führung stattfindet, ist also entscheidend. Auf diese gehen wir im nachfolgenden Kapitel ein.

Eine Frage der Kultur

Selbstorganisiertes Arbeiten zeigt dann positive Effekte, wenn wertschätzende Offenheit, Reflexionsfähigkeit, Zugewandtheit und Vertrauen vorhanden sind. Genau genommen sind diese Qualitäten bei jeglicher Zusammenarbeit nützlich, auch wenn z. B. in klassischen Organisationsformen gearbeitet wird. Einige dieser Aspekte möchten wir im Nachgang kurz vorstellen, da diese zwar essenziell sind, jedoch nicht angeordnet oder formalisiert werden können. Entsprechend werden sie auch nicht von den Spielregeln der Holakratie erfasst und thematisiert.

Gleichzeitig zeigt sich in der Praxis, wie erfolgskritisch die Kultur einer Organisation ist, wenn selbstorganisiert nach den Regeln der Holakratie gespielt werden soll. Vielleicht würde der Management-Pionier und Vordenker Peter Drucker analog dazu sagen: „Culture eats Holacracy for breakfast." Uns geht es eher darum, ein Umfeld im Sinne von „Culture invites Holacracy for breakfast" anzustreben, um das Potenzial dieses Ansatzes zur Selbstorganisation auszuschöpfen.

3.1 Kontextbewusstsein: sich selbst im Ganzen sehen

Organisationen sind komplexe Gebilde. Mit dem Begriff „Kontextbewusstsein" beziehen wir uns auf das Maß an bewusstem, also geistig präsentem Wissen, das die Mitglieder einer Organisation über ihre Arbeit, ihre Arbeitsumgebung, ihre Interaktionen und über sich selbst haben. Es bezieht sich auf die Fähigkeit, sich aktiv und willentlich mit Dynamiken und Prozessen im eigenen Umfeld auseinanderzusetzen.

A. Hertel et al., *Selbstorganisation mit Holakratie*, essentials, https://doi.org/10.1007/978-3-662-68777-2_3

In Organisationen lassen sich grundsätzlich zwei Kontexte mit je zwei Bereichen unterscheiden:

- Kontext Organisation: mit operativen und strukturellen Bereichen
- Kontext Mensch: mit den Bereichen Individuum und Beziehungen

Das Modell der 4 Spaces von Christiane Seuhs Schoeller ordnet und beschreibt die beiden Kontexte einer Organisation und unterteilt sie in vier Räume (de Jong, 2018), wobei es sich augenscheinlich an Ken Wilbers 4-Quadrantenmodell orientiert (Wilber, 2021). Wir erweitern das Modell um konkrete Lösungswege (Abb. 3.1). Als Spannungskompass soll es helfen, den jeweils passenden Weg zur Bearbeitung von Spannungen zu finden.

Der Spannungskompass (Abb. 3.1) sorgt für Orientierung und ermöglicht eine differenzierte Betrachtung und Besprechung von sogenannten Spannungen. Im Arbeitsalltag tauchen Spannungen als Unterschiede auf. Sie markieren bestehende Ist-Soll-Diskrepanzen und können von unterschiedlicher Intensität sein, von leichten Irritationen bis zum Konflikterleben. Spannungen sind Hinweise auf Potenziale, die von Menschen wahrgenommen und formuliert werden. Hinter jeder Spannung steckt eine ungeklärte Fragestellung, die Aufmerksamkeit auf sich zieht. Um Spannungen in Richtung einer Lösung zu führen, sind nächste Schritte erforderlich. Doch welche?

Im Kontext der Organisation existieren zwei Räume:

- Operativer Raum: Hier finden wir Lösungsansätze für Spannungen zu arbeitsbezogenen Themen. Sind alle Beteiligten ausreichend informiert? Kommen wir mit unseren Projekten und Strategien voran? Sind nötige Termine gesetzt? Sind notwendige Arbeitsschritte abgestimmt und eingeleitet?
- Governance Raum: Hier werden strukturelle Fragen geklärt. Sind zentrale Rollen definiert? Sind die Rollenbeschreibungen aktuell? Braucht es neue Richtlinien?

Innerhalb des Kontextes Mensch befinden sich ebenfalls zwei Räume, die Hinweise auf Lösungswege für Spannungen geben können:

- Beziehungsraum: Es könnte sein, dass eine Spannung weniger mit dem operativen Geschehen und unserer Arbeit in Rollen zu tun hat, als vielmehr auf der Beziehungsebene zwischen zwei Menschen zu klären ist, also im Beziehungsraum. Da hilft es, wenn die Personen, die in eine Spannung involviert

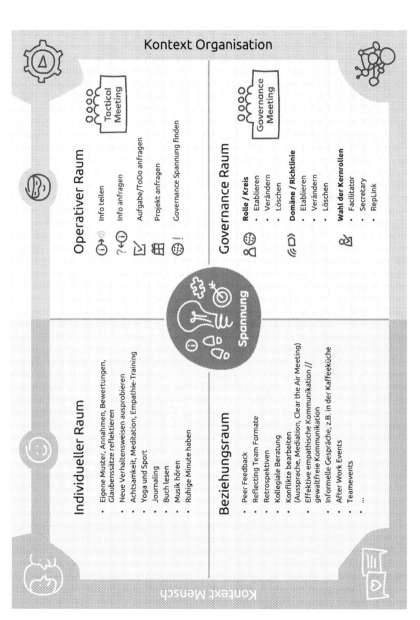

Abb. 3.1 Spannungskompass

sind, im Rahmen von Feedbacks, Supervisionen oder Clear-the-Air-Meetings das Gespräch suchen.

- Individueller Raum: Wenn uns eine Spannung immer wieder begegnet, kommen wir möglicherweise auf die Idee, dass es um etwas geht, mit dem wir uns individuell beschäftigen und es vielleicht mittels eines Coachings reflektieren sollten. Das können beispielsweise hinderliche Glaubenssätze sein. Die Lösung dafür liegt dann im individuellen Raum.

Das Bewusstsein für die beiden Kontexte „Menschen" sowie „Organisation" mit ihren vier Räumen ist einerseits aus der Perspektive der Organisationsentwicklung relevant, da es wichtige Handlungsfelder differenziert. Andererseits ist es für die Menschen in der Organisation wertvoll zu unterscheiden, in welchem der Felder die erfolgversprechendsten Schritte zur Lösung einer Ist-Soll-Diskrepanz gegangen werden können. Denn den richtigen Ort für die wirksame Verarbeitung des aktuellen Themas wählen zu können, steigert sowohl Effektivität als auch Effizienz im Alltag und beeinflusst die Energie, die aufzuwenden ist, um einen spezifischen Sachverhalt zu lösen.

Die Kenntnis der 4 Spaces ist vergleichbar mit der Wahl des richtigen Werkzeugs für die jeweilige Problemstellung. Wenn du einen Text verfassen möchtest, greifst du intuitiv zu einem Textverarbeitungsprogramm, da dir bewusst ist, dass dies das richtige Werkzeug ist. Wenn du bisher allerdings nur ein Tabellenkalkulationsprogramm genutzt hättest, würdest du eventuell auf dieses zurückgreifen, um deinen Text zu verfassen. Das geht sicherlich, ist allerdings ziemlich aufwendig. Umgekehrt ist das Textverarbeitungsprogramm nicht das beste Werkzeug, wenn es darum geht, komplexere Tabellen zu erstellen.

So ist es auch mit dem Spannungskompass: Es schafft Orientierung, um den richtigen Ort für die Verarbeitung des jeweiligen Themas zu finden. In der Praxis ist beispielsweise immer wieder zu beobachten, dass versucht wird, strukturelle Spannungen im Beziehungsraum zu lösen – oder umgekehrt. Das kann kurzfristig funktionieren, die Spannung wird dabei jedoch nur verschoben und nicht gelöst, was zur Folge hat, dass sie unweigerlich wieder auftaucht, womöglich einfach an einem anderen Ort.

Strukturmodelle der Selbstorganisation wie Holakratie konzentrieren sich ausschließlich auf den Kontext der Organisation. Dabei liegt der Fokus vorrangig auf operativer Arbeit (in der Organisation) und struktureller Arbeit (an der Organisation). Gleichzeitig sind beispielsweise die Entwicklung und Verfolgung einer Strategie nicht durch die Holakratie adressiert. Hierzu existiert lediglich der Verweis auf die (Führungs-)Verantwortung zur Strategieformulierung durch den Lead eines Kreises, die dann als Grundlage für Priorisierungen operativer Themen dienen kann. Welche Ansätze zur Formulierung und Umsetzung von Strategien verfolgt werden, kann somit frei gestaltet werden.

Neben den genannten Arbeitsstrukturen erfordert auch der Kontext der Menschen mit ihren intra- und interpersonellen Beziehungen bewusste Aufmerksamkeit und Gestaltungselemente, um gemeinsame Wirkung zu entfalten. Übrigens auch jenseits der Holakratie. Ein Blick in die vier Räume lohnt sich also auch in klassischen Organisationen. Wir widmen uns in den nächsten Abschnitten weiter dem Kontext Mensch, ohne dabei zu vergessen, dass er stets in Wechselwirkung mit dem Kontext Arbeit und Organisation steht. Organisationsentwickler:innen, die eine breitere Betrachtung eines Systems im Sinne einer Diagnostik anstreben, sei auch das Modell der 7 Wesenselemente einer Organisation empfohlen (Glasl et al., 2020).

3.2 Resonanz: in zugewandten Beziehungen stehen

Ein wesentlicher Aspekt gelingender Selbstorganisation hängt von der kulturellen Qualität des Miteinanders der Mitglieder in der Organisation ab. Ein wichtiger Faktor dabei ist, wie zugewandt und zugänglich die Menschen einander begegnen. Hören sie einander zu? Lassen sie sich von anderen inhaltlich und emotional berühren? Reagieren sie auf Impulse anderer? Arbeiten sie für ein Ziel, das sie intrinsisch motiviert? Und erleben sie sich selbst dabei als wirksam?

Rosa (2016) führt für diese Form der Beziehung den Begriff der Resonanz ein. Gemeint sind Beziehungen zwischen Subjekten und ihrer Umwelt, sie sich gegenseitig so berühren und dabei verändern, „dass sie als *aufeinander antwortend,* zugleich aber auch *mit eigener Stimme sprechend,* also *zurück-tönend* begriffen werden können" (Rosa, 2016, S. 285). In diesen Wechselwirkungen empfinden sich die Menschen auch selbst als beweglich und berührbar. In diesem Sinne ist Resonanz keine Echo-, sondern eine Antwortbeziehung. Diese Art der „Weltbeziehung" sieht Rosa als wesentlichen Faktor für ein gelingendes Leben.

Das Gegenteil von Resonanz wäre Entfremdung, Gleichgültigkeit, Taubheit oder Feindseligkeit. „Ohne Liebe, Achtung und Wertschätzung bleibt der Draht zur Welt – bleiben die Resonanzachsen – starr und stumm" (Rosa, 2016, S. 25). Das entspräche eher der Echo-Metapher, in der das Gesendete quasi unverändert zurückgeworfen wird, was an Konzepte wie Group Think (Unterrainer, 2010) oder Symbioseproblem (Zirkler & Herzog, 2021) erinnert.

Ob resonante Beziehungen entstehen können, hängt auch von der Institution bzw. vom System ab, in der bzw. dem sich Menschen bewegen. Vor Gericht, im Militär oder in Gefängnissen sind resonante Beziehungen in unserer

Gesellschaft vordergründig nicht erwünscht, sie könnten beispielsweise zu Befangenheit, Koalition oder Verweigerung führen. In Bereichen wie der Pflege oder der Schule sind Resonanzen die Grundvoraussetzung für die Aufgabenerfüllung.

Aufgrund von Formalisierung und Bürokratisierung, wie sie in Organisationen jeglicher Colour anzutreffen sind, werden Resonanzbeziehungen zunehmend erschwert. Wo Menschen gemeinsam etwas schaffen wollen, sollten also auch entsprechende Voraussetzungen für Resonanz zur Verfügung gestellt werden: „Denn motivationale Energien und Kreativität bedürfen stets zumindest eines Restmomentes von Resonanzbeziehungen; diese erst bringen Dynamik in erstarrte Weltverhältnisse, wenn auch oftmals gerade gegen die institutionelle Logik" (Rosa, 2016, S. 666). Aber liegen denn nicht gerade außerhalb der Logik des Bestehenden die größten Chancen?

Tauchen wir in den Kontext der Selbstorganisation ein, dann bedeuten resonante Beziehungen, dass Menschen ein lebendiges, offenes und wertschätzendes Wechselspiel untereinander pflegen – und ihre Wahrnehmungen vermehrt abgleichen. Das eröffnet Möglichkeiten wie eine offene Feedbackkultur, gegenseitiges Fordern und Fördern, Co-Creation, spannungsbasiertes Arbeiten, individuelle und kollektive Wirksamkeit, konstruktive Konfliktbearbeitung, ein wechselseitiges Führen und geführt werden.

Diese Form des Miteinanders hat einen zwischenmenschlichen und gesellschaftlichen Wert, da grundlegende Bedürfnisse wie Zugehörigkeit und Selbstentfaltung genährt und damit auch wichtige Werte wie Inklusion gefördert werden (Herzog et al., 2023) (Abschn. 3.3.1). Darüber hinaus gibt es einen funktionellen Wert, der bessere Leistungen, gesteigerte Anpassungsfähigkeit und Kooperation, schnellere Lernprozesse und innovative Ideen verspricht. Dies macht gelingende Resonanz in Organisationen auch aus ökonomischer Perspektive interessant.

Eine überzeichnete „Verdinglichung" von Resonanzbeziehungen und ein damit einhergehender Leistungsdruck widersprechen jedoch ihrer Grundidee und entziehen ihnen den Nährboden (Rosa, 2016). Das Ziel von Organisationen sollte daher sein, zumindest diese „Restmomente von Resonanzbeziehungen" zu erhalten, indem sie der Art und Weise der Kooperation jenseits der Leistung auch zwischenmenschlichen Wert zugestehen.

3.3   Psychologische Sicherheit: sagen können, was ist

Ein wichtiges Konzept, das Leistungs- und Kooperationsziele einbezieht, ist Psychologische Sicherheit. Es beschreibt „a shared belief held by members of a team that the team is safe for interpersonal risk taking" (Edmondson, 2019,

S. 350). Als zwischenmenschliches Risikoverhalten gelten Verhaltensweisen, die Menschen angreifbar und damit verletzlich machen: Fragen stellen, Widerspruch oder Kritik äußern, Ideen mitteilen, Fehler oder Schwächen eingestehen, Privates mitteilen, authentisch sein. Viele Menschen kennen die soziale Angst, aufgrund ihrer Eigenschaften, ihres Verhaltens oder ihrer Gedanken als inkompetent, ignorant, störend, schwach oder anders negativ konnotiert dargestellt zu werden, ihre Stellung im Team zu verlieren oder gar aus der Bezugsgruppe ausgeschlossen zu werden (Brown, 2010).

Wer sich psychologisch unsicher fühlt, zensiert sich daher selbst und dem Team entgehen Ideen, Lernimpulse und die Möglichkeit zur Resonanz. In psychologisch sicheren Teams ist diese Angst nicht nötig. Die Kultur ist geprägt von Offenheit, Wertschätzung, Verständnis und Zugänglichkeit – korrespondierend mit der Idee der resonanten Beziehungen. Ein zentraler Unterschied in den Konzepten liegt im Umgang mit der Leistungskomponente. Psychologische Sicherheit ist vereinbar mit ehrgeizigen Zielen. Gerade wenn Leistungsstandards hoch sind, wird die positive Wirkung vorhandener psychologischer Sicherheit deutlich, indem die Lern- und Leistungsfähigkeit der Teams zunimmt. Wenn hingegen bei hohen Leistungsstandards die psychologische Sicherheit gering ist, entsteht ein Klima der Angst, welches Kollaboration und Höchstleistung einschränkt (Edmondson, 2019).

Wie also entsteht ein psychologisch sicheres Klima? In einer Metastudie haben Newman et al. (2017) die Faktoren zusammengefasst, die psychologische Sicherheit fördern. Wir ergänzen die Liste hier um die Erkenntnisse von Edmondson (2019):

- Führungsverhalten: inkludierend, unterstützend, vertrauenswürdig, offen und integer sowie erreichbar, ermutigend, verletzlich und fehlbar
- Vertrauensvolle und respektvolle interpersonelle Beziehungen
- Das Vorhandensein von Übungsfeldern, z. B. in kleineren Projektteams
- Unterstützender Organisationskontext: Unterstützungs- und Weiterbildungsangebote, Sensibilität für das Thema Diversität
- Gewachsene Gruppendynamiken: Ausmaß der Interaktionen, Grad der Vertrautheit, Netzwerkbildung, gemeinsame Vorstellungen, Zugehörigkeitsgefühl
- Teamcharakteristiken: gemeinsames Organisationsverständnis im Team, kontinuierliches Qualitätsverbesserungsklima, verteilte Belohnungen
- Sinnstiftender und sichtbarer Nutzen der eigenen Arbeit
- Ambitionierte Ziele
- Verantwortungsübernahme/-übergabe

Aus dieser Liste lässt sich entnehmen, dass es nicht so wichtig ist, wer zusammenarbeitet, sondern vielmehr, wie zusammengearbeitet wird. Zu diesem Schluss kam eine Langzeitstudie von Google. Im sogenannten Aristoteles Projekt wurde untersucht, was hochleistungsfähige Teams bei Google auszeichnet. Das Ergebnis der Studie war: psychologische Sicherheit (Schaeppi & Bergmann, 2016). Eine Investition in psychologische Sicherheit lohnt sich gleich doppelt: Zwischenmenschliche Reibung wird verringert und intellektuelle Reibung erhöht. Clark (2020) beschreibt, dass die Entwicklung von psychologischer Sicherheit einer Progression der Bedürfniserfüllung folgt. Menschen möchten zu einer Gruppe gehören, sie möchten lernen, Wirkung erzeugen und Bestehendes herausfordern. Die Bedürfnisse bauen aufeinander auf. In dieser Logik können Personen, die sich nicht zugehörig fühlen, nur bedingt lernen, sicherlich nicht mitwirken und schon gar nichts innovieren.

Wenn alle Bedürfnisse erfüllt sind, besteht psychologische Sicherheit. Diese Stufen nach Clark (2020) sind ein Ergebnis praktischer Beobachtungen und theoretischer Betrachtungen (Abb. 3.2). Frühere Forschung stützt die Idee jedoch. Carmeli et al. (2010) zeigten in ihrer empirischen Untersuchung, dass ein inklusives Führungsverhalten zu höherer Kreativität der Mitarbeitenden führt, wobei sich psychologische Sicherheit als Mediatorvariable hervortat. Das Stufenmodell macht sichtbar, dass es sich bei psychologischer Sicherheit um eine Skala handelt. Je nachdem, wo eine Person oder ein Team steht, braucht man daher auch andere Maßnahmen, um psychologische Sicherheit zu unterstützen.

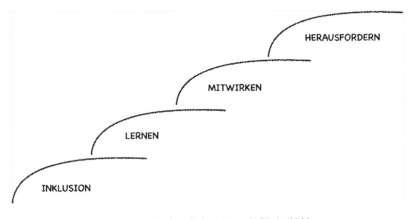

Abb. 3.2 4 Stufen der Psychologischen Sicherheit nach Clark (2020)

3.3.1 Inklusion: Vielfalt begrüßen

Inklusion beschreibt einen wertschätzenden Umgang mit Vielfalt und nimmt Einfluss auf alle Ebenen des Zusammenlebens – weit über Organisationen hinaus. In den vergangenen Jahren erweiterte sich der Fokus auf wirtschaftliche Vorteile von Inklusion. Umfassende Forschung beschreibt:

- Verbesserte Leistungen (Mitchell et al., 2015)
- Höheres Arbeitsengagement, tieferes Burnout-Risiko, höheres Wohlbefinden (Choi et al., 2017; Downey et al., 2015; Illahi 2016)
- Eine erhöhte Bereitschaft, der Führungskraft oder Arbeitskolleg:innen zu helfen (Randel et al., 2016)
- Erhöhte Kreativität (Carmeli et al., 2010; Choi et al., 2017)
- Ein verstärktes proaktives Arbeitsverhalten (Li et al., 2019)

Um Inklusion zu ermöglichen, braucht es nach Ferdman (2014) sowohl Sinn für ein hohes Maß an Komplexität als auch ein Gespür für die essenziellen menschlichen Bedürfnisse nach Zusammengehörigkeit, Beachtung, Respekt, Wertschätzung und Teilhabe. Diesem Gedanken liegt die Optimal Distinctiveness Theory zugrunde, die im Kern besagt, dass die Menschen im sozialen Austausch zwei Bedürfnisse haben: Zusammengehörigkeit und Einzigartigkeit (Brewer, 1991). Einzigartigkeit meint hier die Möglichkeit, man selbst zu sein, also authentisch zu sein. Inklusion zielt darauf ab, einen Raum entstehen zu lassen, in dem beide Bedürfnisse ausreichend befriedigt werden (Abb. 3.3).

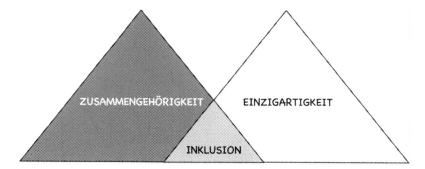

Abb. 3.3 Inklusion liegt in der Schnittfläche der Dreiecke Zusammengehörigkeit und Einzigartigkeit

Inklusion wird in Organisationen in der Strategie, der Struktur und der Führungskultur verankert. Bleiben wir hier beim Aspekt der Führung, da dieser im Kontext der Selbstorganisation besonders interessant ist (Kap. 2). Führung wird zu einer breit verteilten Funktion, die von allen Mitarbeitenden wahrgenommen wird – auch in Form von Selbstführung und Verantwortungsübernahme. Inklusive Führung wird damit zur Grundkompetenz im selbstorganisierten Umfeld.

Inklusive Haltung und inklusives Verhalten sind durch folgende Aspekte gekennzeichnet:

- Vielfalt als wertvolle Ressource in der Organisation anerkennen
- Ausgrenzung und Diskriminierung aktiv unterbinden
- Vertrauensvolle Beziehungen pflegen
- Unterschiedliche Herangehensweisen akzeptieren
- Umfassende und transparente Kommunikationskanäle entwickeln
- Vorbildfunktion wahrnehmen
- Partizipation ermöglichen
- Beiträge der anderen anerkennen
- Fortwährendes Lernen erleichtern
- Inklusion als fortwährende Aufgabe verstehen

Im Arbeitsalltag hört sich Inklusion zum Beispiel so an: „Ich brauche dein Feedback dazu", „Danke für deinen Input", „Sag mal, wie verstehst du das?", „Ich würde gern noch besser verstehen, wie du das meinst", „Was brauchst du von mir?", „Ich würde gern deine Meinung dazu hören", „Leute, wir haben hier ein Problem, für dessen Lösung ich eure Unterstützung brauche", „Ich habe jetzt genug gesagt, was geht dir durch den Kopf?", „Wartet bitte mal, er:sie hat noch nicht fertig gesprochen", „Ich sehe das anders, finde deine Perspektive darauf aber wertvoll", „Ich bin nicht sicher, ob es mir gelungen ist, mich verständlich auszudrücken. Kannst du mir bitte spiegeln, was bei dir angekommen ist", „Ich bin nicht einverstanden, kann deine Perspektive jedoch nachvollziehen".

Um diese Kommunikationsfähigkeiten zu stärken, bieten sich z. B. die Grundlagen effektiver empathischer Kommunikation an, wie sie in den Konzepten der gewaltfreien Kommunikation nach Marshall Rosenberg (Rosenberg, 2016) formuliert sind.

3.3.2 Vertrauen: aufeinander bauen

Vertrauensvolle Beziehungen werden als Bausteine von psychologischer Sicherheit und Inklusion benannt. Betrachten wir zum Abschluss des Kapitels daher den Vertrauensbegriff. Vertrauen entsteht zwischen zwei Personen, während psychologische Sicherheit ein Gruppenphänomen ist. Vertrauen beruht auf den gesammelten Erfahrungen aus Interaktionen in der Vergangenheit. Ich entwickle also eine Vorstellung davon, wie sich ein Gegenüber in Zukunft verhalten wird. „Wer Vertrauen erweist, nimmt Zukunft vorweg" (Luhmann, 2014, S. 9). Vertrauen beruht im Kern auf Berechenbarkeit. Wir gehen also von einem positiven Ausgang einer Situation aus, obwohl durchaus auch das Gegenteil eintreten könnte.

Indem wir Vertrauen schenken, setzen wir uns dem Risiko aus, dass unser Vertrauen verletzt werden kann. Wir gehen das Risiko jedoch ein, weil Vertrauen Komplexität reduziert. Ohne Vertrauen könnte der Mensch am Morgen das Bett nicht verlassen und schon gar nicht in Interaktion treten. Vertrauen kann auf früheren Erfahrungen mit einer Person basieren oder, falls diese fehlen, im guten Glauben als Vorschussvertrauen geschenkt werden. Ob wir unseren Arbeitskolleg:innen Vertrauen schenken oder nicht, machen wir im Allgemeinen von vier Faktoren abhängig (Dietz & Den Hartog, 2006):

1. Kompetenz, Wissen und Fähigkeiten des Gegenübers
2. Wahrgenommenes Wohlwollen des Gegenübers
3. Integrität des Gegenübers
4. Berechenbarkeit und Vorhersehbarkeit des Gegenübers

Die vier Faktoren beurteilen wir situativ, beispielsweise im Zusammenhang mit einer bestimmten Aufgabe, Fragestellung oder sozialen Situation. Wir vertrauen einer Person möglicherweise eine wichtige Aufgabe an, würden ihr gegenüber jedoch keine Fehler eingestehen.

Wer sich als vertrauenswürdig erweisen möchte, wendet sich dem Gegenüber aufmerksam und einfühlsam zu, verhält sich eindeutig und berechenbar und sorgt für Orientierung, z. B. via Feedback. Zudem können einer Person durch anspruchsvolle Aufgaben Kompetenzen übertragen werden, sodass sie durch wachsende Erfolge Selbstwirksamkeit resp. Selbstvertrauen erleben kann, was wiederum die Basis für interpersonelles Vertrauen ist (Petermann, 2012). An einem bestimmten Punkt erfordert der Vertrauensaufbau also, dass

selbst Vertrauen geschenkt wird. Dieser Vertrauensvorschuss kann in Organisationen unterstützt werden, indem persönliche Begegnungen und gegenseitiges
Kennenlernen gefördert werden.

Kulturelle Konzepte wie Kontextbewusstsein, Resonanz, Psychologische
Sicherheit, Inklusion und Vertrauen können dabei helfen, eine Art der Kooperation zu entwickeln, die genauso erfüllend wie wirksam ist. Sie sind komplementär
zu Formalstrukturen. Ein bewusster, einfühlsamer, nahbarer, offener und ver-
trauensvoller Umgang der Mitarbeitenden mit sich selbst und anderen ist eine
wichtige Kompetenz für ein gelingendes Zusammenleben und eine gelingende
Kooperation – gerade in der Selbstorganisation. Denn dort ist es zentral,
die Perspektiven, Gefühle und Bedürfnisse der Kolleg:innen zu verstehen, um
Konflikte oder Widerstände einfühlsam aufzugreifen, Unterstützung anzubieten
und in eine positive Entwicklung überführen zu können, was wiederum dem
Organisationszweck dient.

Ausschlaggebend für die gelingende Selbstorganisation ist es, Aspekte der
Beziehungskultur und Aspekte der Formalstruktur aufeinander abzustimmen und
auszubalancieren. Idealerweise stehen sie in Resonanz miteinander. Denn eine
Überbetonung eines Aspektes kann sich als problematisch erweisen. Organisationen, die zwar nett zueinander sind, jedoch keine Ergebnisse produzieren,
sind ebenso defizitär wie Organisationen, die Inklusion und Entwicklung der
Mitarbeitenden vernachlässigen.

Fakt ist: Ohne die bewusste Berücksichtigung kultureller Voraussetzungen
bleiben Organisationsformen der Selbstorganisation leblose und kalte Strukturen.
Denn Kultur und Struktur einer Organisation stehen in zirkulärer Wechselwirkung
zueinander. Selbstorganisation lädt die Mitarbeitenden dazu ein, eine lebendige
und wirkungsorientierte Kultur zu entwickeln, wie wir sie in diesem Kapitel als
Ideal beschreiben. Genauso wird eine lebendige und wirkungsorientierte Kultur
nach einer (eher) selbstorganisierten Organisationsform rufen, um Entwicklung
in verschiedenen Dimensionen zu fördern. Welche Formalstruktur die Holakratie
dafür bereithält, betrachten wir im folgenden Kapitel.

Der Spielaufbau der Holakratie

4

In jeder Organisation übernehmen Menschen spezifische Funktionen. Sie kommunizieren und kooperieren miteinander, um gemeinsame Ziele zu realisieren. Holakratie kann als eine Form der selbstorganisierten Steuerung von Menschen und Organisationen verstanden werden. Sie bietet einen Ansatz, der traditionelle Hierarchien (in denen Autorität und Macht gebündelt sind) und starre Organisationsstrukturen aufbricht. Wir werden im folgenden Kapitel einen Überblick zu den wesentlichen Elementen und Wirkungsweisen der Holakratie vorstellen.

Das Konzept der Holakratie wurde von Brian Robertson im Jahr 2007 formuliert (Robertson, 2016). Robertson zog seine Motivation für die Entwicklung seines Ansatzes aus den negativen Erfahrungen, die er als (teils leitender) Mitarbeiter in vielen Organisationen erlebt hatte. Ihm fiel auf, dass Vorgesetzte nicht die Kapazität haben, alle möglichen Entwicklungsangebote für die Verbesserung der Organisation wahrnehmen und verarbeiten zu können.

In der Holakratie gibt es Regeln, welche eine kollektive Grundlage für bestimmte Aspekte der Zusammenarbeit beschreiben. Ebenso wie beim Brettspielen oder beim Fußball. Viele Menschen sind begeistert von diesen gemeinsamen Spielen, ohne jemals die zugrunde liegenden Regeln gelesen zu haben. Sie sind jedoch abgeschreckt von juristisch anmutenden Regelwerken mit Paragraphen und formalen Detailbeschreibungen. Vermutlich wissen viele Menschen nicht, dass z. B. die offiziellen Regeln des DFB in einem Dokument mit mehr als 160 Seiten formuliert sind (DFB, 2023). Dennoch haben sie gelernt, wie das Spiel funktioniert, sind begeistert davon und beteiligen sich gerne aktiv oder passiv.

Hintergrundinformation

Heißt es nun Holokratie oder Holakratie?

Neben der Bezeichnung Holakratie wird im deutschsprachigen Raum teilweise auch Holokratie verwendet. Die richtige Antwort lautet jedoch: Holakratie.

Der Ursprung des Begriffs Holakratie ist der von Arthur Koestler geprägte Begriff des Holons, das eine eigenständige Ganzheit bezeichnet. Ein solches Holon ist wiederum Teil eines größeren Ganzen, in das es eingebettet ist. „It is this pattern which lends the group stability and cohesion, and which defines it as a social holon, with an individuality of its own" (Koestler, 1967, S. 54).

Nach diesem natürlichen Muster funktionieren auch natürliche Ökosysteme. Unser Körper ist ebenfalls nach dieser Logik aufgebaut, bei der unsere Zellen etwas abgeschlossenes Ganzes bilden und gleichzeitig miteinander verbunden sind. Sie funktionieren eigenständig, dienen einem spezifischen Zweck und sind gleichzeitig Bestandteil eines bestimmten Organs, welches wiederum als eigenständiges Ganzes fungiert und zugleich Teil unseres Körpers ist.

Auf diese Weise entsteht eine Hierarchie von Holonen, die Koestler als „Holarchie" bezeichnete (Koestler, 1967, S. 102 f.).

Vergleichbar ist dies in holakratischen Organisationen mit spezifischen Rollen, die wie ein Holon eigenständig bestimmte Aufgaben und Verantwortlichkeiten übernehmen. Gleichzeitig sind sie Teil eines Kreises (vergleichbar mit einem Team), welcher eine bestimmte Verantwortung übernimmt und wiederum Teil eines übergeordneten Kreises (vergleichbar mit einer Abteilung) und schließlich der Gesamtorganisation ist.

Die daraus resultierende Holarchie, welche die Hierarchie dieser Ganzheiten bezeichnet, stellt den ersten Teil des Begriffs Holakratie. Der zweite Teil geht zurück auf das griechische Wort „-kratie", was Stärke, Macht oder Herrschaft bedeutet. Die Holakratie bezeichnet somit die Herrschaft der Ganzheiten, die jeweils eigenständig organisiert sind und autonom funktionieren. Gleichzeitig sind sie selbstreferentiell miteinander verbunden und aufeinander angewiesen, um das Gesamtsystem aufrechtzuerhalten und spezialisiert zu dessen Daseinszweck beizutragen.

Mit der sogenannten Verfassung (engl. Holacracy Constitution) steht in der Holakratie ein vergleichbares formalisiertes Regelwerk bereit (HolacracyOne, 2023a), welches auf weniger als 30 Seiten die Regeln und Abläufe der Holakratie beschreibt. Sie ist aufgebaut und formuliert wie ein Gesetzestext (bzw. wie die Regeln des DFB), was Interessierten manchmal einen leichtfüßigen Einstieg erschwert. Wir Menschen erleben und erlernen die Dynamik der Holakratie am besten möglichst praxisnah, ohne das Regelwerk in aller Tiefe studiert haben zu müssen. Schließlich lernt man die Dynamik eines Brettspiels oder ein Instrument auch nicht allein über das Studium des theoretischen Regelwerks kennen, sondern indem man spielt. Dies ist der Grund, warum die Adaption der Holakratie durch die Begleitung erfahrener Berater:innen deutlich erleichtert werden kann. Sie kennen die Regeln und helfen anderen dabei, sie zu erlernen und regelkonform zu spielen.

Die Existenz dieser Verfassung ist somit ein wichtiger Erfolgsfaktor, vergleichbar mit dem Regelwerk eines Brettspiels, das Referenzen und Regelungen für das Spielgeschehen bereithält, auf die sich alle Mitglieder der Organisation berufen können.

Seit der Veröffentlichung der aktuellen Version der Verfassung (5.0) wird auch eine partielle Einführung der einzelnen Aspekte der Holakratie als möglich angesehen, was einen Paradigmenwechsel dokumentiert. Die partielle Adaption korrespondiert mit der Praxiserfahrung, da hierbei auch einzelne Elemente bereits als hilfreich für die evolutionäre Entwicklung von Organisationen erlebt werden. Beispielsweise wenn Abläufe eines Tactical Meetings übernommen werden (Abschn. 5.3.1).

4.1 Kreise und Rollen: Bausteine der Organisation

Die Aufbauorganisation wird in der Holakratie durch Kreise und Rollen beschrieben. Die Grundidee dabei ist, stets die tatsächliche Arbeitsorganisation explizit abzubilden, um sie damit zugänglich und nutzbar zu machen. Aus diesen Bausteinen lassen sich die tatsächlich wirkenden Elemente einer Organisation beschreiben.

Kreise sind Klammern für verschiedene Rollenbeschreibungen, die ein Team benötigt, um seinen Zweck und seinen Arbeitsauftrag zu erfüllen. Rollen fungieren als kleinste Bausteine für holakratische Organisationen. Sie werden fortlaufend aktuell gehalten, sodass sie stets die tatsächliche Arbeitsteilung einer Organisation widerspiegeln.

Diese Klarheit eröffnet eine wertvolle Orientierungsmöglichkeit für Menschen in der Organisation hinsichtlich Zuständigkeiten und Entscheidungsfindung. Die genaue formale Beschreibung der Rollen und Kreise findet sich in Artikel 1 der holakratischen Verfassung (HolacracyOne, 2023a).

4.1.1 Kreise

Kreise dienen als Container-Elemente, um die in Teams stattfindende Arbeit entlang ihres spezifischen Purpose zu organisieren und in dedizierten Rollen abzubilden. Auf der obersten Ebene der Organisation gibt es einen sogenannten Anker-Kreis, der die Außengrenze der Organisation repräsentiert und die innere Struktur der Organisation umschließt. Der Anker-Kreis könnte auch als Wurzel der Organisation betrachtet werden, die mittels Sub-Kreisen und Rollen weiter verzweigt.

Tab. 4.1 Prototypische Beschreibung eines Marketing-Kreises

Name des Kreises	Marketing
Purpose des Kreises	Die Welt weiß genau, warum wir die richtige Wahl sind
Verantwortlichkeiten	• Erfolgreiche Kommunikation des Unternehmens nach außen ermöglichen und die dafür notwendigen Prozesse und Projekte steuern • Bekanntheit unserer Marke steigern und Kommunikation als Sprachrohr nach außen steuern • Events mit Teams, Kund:innen und unserer Community erfolgreich gestalten

Ein Kreis kann von außen als große Rolle betrachtet werden, welche in ihrem Inneren spezifische weitere Rollen enthält, auf die sich Arbeit und Aufgaben zur Realisierung des Kreis-Purpose verteilen.

In der Regel entsteht ein neuer Kreis, wenn eine Rolle nicht (mehr) durch eine Person ausgefüllt werden kann oder soll. Stell dir eine Rolle im Marketing in einer kleinen Organisation vor, die zunächst von einer Person ausgefüllt wird, die vorerst alle Erfordernisse des Marketings abdeckt. Nun wächst die Organisation und damit auch die Anforderungen ans Marketing. Mehr Menschen kommen hinzu und die Arbeit und damit einhergehende Verantwortlichkeiten werden verteilt. Dies ist der Zeitpunkt, an dem ein Team entscheidet, aus der Rolle einen Kreis zu bilden. Dieser Kreis folgt weiterhin dem gleichen Purpose. Gleichzeitig bildet er neue innere Strukturen in Form von neuen Rollen aus, die jeweils einen Teil-Purpose ausdrücken und eine Mitverantwortung des Marketingkreises tragen.

Die prototypische Beschreibung eines Kreises könnte folgendermaßen aussehen (Tab. 4.1):

Aus der Rolle Marketing wird so ein Kreis, der seine Arbeitsteilung und Verantwortlichkeiten zunehmend ausdifferenziert. So entstehen z. B. die in den Tab. 4.2, 4.3, 4.4, 4.5, 4.6, 4.7 und 4.8 beschriebenen Rollen.

Übrigens ist es ebenso praxisnah, dass sich ein Kreis zu einer Rolle reduziert, wenn das Aufgabengebiet schrumpft und keine arbeitsteilige Struktur zur Realisierung des Purpose erforderlich ist.

4.1.2 Rollen

Im Abschn. 3.1 haben wir bereits erläutert, dass in der Holakratie zwischen Menschen und ihren Rollen in der Organisation unterschieden wird. Rollen dienen

Tab. 4.2 Beispiele für eine operative Rollenbeschreibung eines Marketingteams

Rolle	Produkt-Marketing Verbinder:in
Purpose der Rolle	Produkte und Marketing stehen im Einklang
Verantwortlichkeiten	• Produktstrategien bei Marketingthemen bekannt machen und vertreten • Produktteams bezüglich Marketingthemen auf dem Laufenden halten • Produktkommunikation ausarbeiten und kommunizieren

Tab. 4.3 Beispiele für eine operative Rollenbeschreibung eines Marketingteams

Rolle	Design Guru
Purpose der Rolle	Unsere Produkte profitieren von einer visuellen, nachhaltigen Brand Experience
Domäne	• Corporate Design unserer Marken und Produkte
Verantwortlichkeiten	• Visuelle Identität unserer Marken und Produkte definieren und über alle Kanäle hinweg orchestrieren • Marketingkampagnen und Events visuell und konzeptionell unterstützen

Tab. 4.4 Beispiele für eine operative Rollenbeschreibung eines Marketingteams

Rolle	Performance Marketing
Purpose der Rolle	Für attraktive Markenbekanntheit sorgen
Verantwortlichkeiten	• Anzeigenschaltung in Stellenportalen, um Recruiting zu unterstützen • Auswertung und Optimierung der Online-Performance • Produktbezogene Inhalte, Employer Branding & Marken bewerben, um Bekanntheit zu stärken • Conversion Rate stetig beobachten, kommunizieren und optimieren

als elementare Organisationsbausteine in der Holakratie. Menschen einer Organisation übernehmen explizit mindestens eine Rolle und damit einhergehende Verantwortlichkeiten.

Wir Menschen schlüpfen in diese Rolle(n) und energetisieren diese, das heißt, wir handeln im Sinne des Purpose dieser Rollen. Erst die zutiefst menschliche sensorische Fähigkeit zur Wahrnehmung von Potenzialen und Unterschieden

Tab. 4.5 Beispiele für eine operative Rollenbeschreibung eines Marketingteams

Rolle	Marketing Data Specialist
Purpose der Rolle	Daten für interne und externe Zwecke nutzen
Verantwortlichkeiten	• Das BI Tool für unser Team administrieren und weiterentwickeln • KPI für unser Team und Kampagnen bereitstellen und aktiv weiterentwickeln • Spezifische Dashboards für unser Team erstellen • Sonderauswertungen für Produktteams erstellen • Studien auf Basis unserer Daten und ggf. weiterer Quellen für PR und Social Media Content bereitstellen

Tab. 4.6 Beispiele für eine operative Rollenbeschreibung eines Marketingteams

Rolle	Content Manager:in
Purpose der Rolle	Starker Content für alle Kommunikationskanäle
Verantwortlichkeiten	• Dolmetscher:in, Publisher:in und Product Manager:in betreuen, um Content Strategien zu entwickeln • Nutzungsverhalten von Kund:innen analysieren, auswerten, aufbereiten und kommunizieren • Den online und offline Bereich redaktionell beraten • Kampagnen entwickeln • Die wichtigen Kommunikationskanäle definieren und entlang von Umsetzungsstrategien bespielen • Themenrecherche und Optimierung unserer Botschaften nach suchmaschinenrelevanten Kriterien sicherstellen

Tab. 4.7 Beispiele für eine operative Rollenbeschreibung eines Marketingteams

Rolle	Eventmanager:in extern
Purpose der Rolle	Unsere externen Kundenevents will jede/r erleben!
Verantwortlichkeiten	• Konzeption und organisatorische Projektleitung von Veranstaltungen • Externe Dienstleister recherchieren und einkaufen • Veranstaltungskonzepte für externe Veranstaltungen erstellen und bewerten unter Berücksichtigung der Vision und Marke • Externe Veranstaltungsabläufe koordinieren • Abrechnung der externen Veranstaltung vorbereiten und durchführen

Tab. 4.8 Beispiele für eine operative Rollenbeschreibung eines Marketingteams

Rolle	Newbie Mentor:in
Purpose der Rolle	Neue Mitarbeitende fühlen sich willkommen und können schnell durchstarten!
Verantwortlichkeiten	• Onboarding-Prozess standardisiert gestalten • Notwendige Fähigkeiten aller Beteiligten im Recruitment-Prozess entwickeln • Arbeitsplatzausstattung organisieren • Einführungsveranstaltungen organisieren • Teamfeedbacks nach vier, acht und zwölf Wochen organisieren • Vernetzung der neuen Kolleg:innen fördern • Onboarding-Checklisten aktuell halten

belebt eine Rolle. Ohne das Engagement von Menschen bleiben Rollen lediglich tote Konstrukte ohne eigenes Aktionspotenzial, was die Relevanz der Kultur für lebendige und wirksame Selbstorganisation unterstreicht.

Als Inhaber:in einer Rolle gilt es darauf hinzuwirken, den Purpose der jeweiligen Rolle zu realisieren. Dafür kann alles getan werden, was nicht explizit verboten ist oder den Regeln und Prinzipien der Organisation widerspricht.

In der Holakratie gehen mit der Verantwortungsübernahme in Rollen auch bestimmte festgeschriebene Verpflichtungen einher, um die Zusammenarbeit zu regeln. Sie sind in Artikel 2 der Verfassung beschrieben und regeln die

- Pflicht zur Transparenz (z. B. die Auskunft zu eigenen Projekten, nächsten Schritten oder bestimmten Kennzahlen),
- Pflicht zur Verarbeitung (z. B. die Einleitung nächster Schritte für bestehende Projekte oder die Übernahme eines neuen Projekts innerhalb des eigenen Verantwortungsbereichs),
- Pflicht zur Priorisierung (z. B. um die Prioritäten eingehender Anfragen anderer Rollen oder Kreise zu steuern oder den Umgang mit Deadlines).

Beim Gespräch über diese Aspekte wurde uns einmal versichert, dass diese Verpflichtungen sich doch automatisch durch den gesunden Menschenverstand ergeben würden. Das mag für einige Menschen so zutreffen. Die Holakratie macht diese Aspekte jedoch explizit und fördert dadurch die Erwartungsklarheit.

Derartig verpflichtende Vereinbarungen machen als Prinzipien durchaus Sinn. Wenn sie allerdings in der Manier eines Rechtsanwalts frontal geschult oder offensiv eingebracht werden, können sie in Teams ein Störgefühl von übermäßiger Regulatorik auslösen, da sie keine Resonanz erzeugen. Dies gilt auch für andere Aspekte der Verfassung und daher ist es wichtig, Teams schrittweise in ihrer operativen Praxis an diese teilweise sehr spezifischen Spielregeln der Holakratie heranzuführen, um sie sinnvoll nachvollziehbar zu machen und kulturell gesund zu verankern.

Wie wir sehen, wirkt die Holakratie gezielt auf die Transparenz von Rollen und Verantwortlichkeiten hin, um daran die Kooperation und Kommunikation auszurichten. Wir alle handeln auch ohne Holakratie stets in bestimmten Rollen, was uns vielleicht nicht jederzeit bewusst ist. Jedoch sind wir in sozialen Zusammenhängen ständig in bestimmten und gleichermaßen wechselnden Rollen, z. B. in der Familie (Vater, Mutter, Kind etc.), im Beruf (Pflegekraft, Ingenieur:in, CEO etc.) oder beim Sport (Trainer:in, Sportler:in, Fan etc.). Dort sind die Rollen allerdings nicht eindeutig definiert.

▶ Rolle versus Stelle/Position

Auf den ersten Blick scheinen Rollen- und Stellenbeschreibungen (bzw. Positionsbeschreibungen eines Arbeitsvertrags) einander sehr ähnlich zu sein. Beide enthalten beschriebene Aufgaben und Verantwortlichkeiten. Stellenbeschreibungen sind jedoch in der Regel nicht zugänglich und damit wenig relevant im Arbeitsalltag. Oder weißt du, was in der Stellenbeschreibung deiner Kolleg:innen steht? Oder in deiner eigenen? Die daraus resultierende Unklarheit führt nicht selten dazu, dass wir Verantwortlichkeiten einseitig annehmen und unterstellen. Zudem sind Menschen in der Regel einer Stelle zugeordnet, während sie praktisch im facettenreichen Arbeitsalltag vielfach mehr als eine Rolle ausfüllen und das auch implizit erwartet wird.

Explizite Rollenbeschreibungen sollen im operativen Alltag eine Orientierung zu tatsächlichen Verantwortlichkeiten bieten und sind daher für alle Mitglieder einer Organisation transparent zugänglich. Sie sind durch das Team selbst spezifisch formuliert und werden durch das Team aktualisiert oder gelöscht, wenn sich das Aufgabengebiet oder das Arbeitsumfeld im Team verändert.

In der Holakratie findet durch das Denken in Rollen ein Paradigmenwechsel statt, der Differenzierung und Orientierung fördert. Statt einer statischen Strukturierung entlang von Menschen und ihren Positionen oder klassischen Stellenbeschreibungen findet eine konkrete Strukturierung auf Basis der Rollen statt, welche das tatsächliche Tätigkeitsfeld beschreiben und so die Erwartungsklarheit erhöhen. So koexistieren sie neben den Stellenbeschreibungen eines Arbeitsvertrags.

4.1.2.1 Operative Rollen

Grundsätzlich lassen sich zwei Arten von Rollen unterscheiden: operative Rollen und Standardrollen.

Operative Rollen bilden die spezifischen Verantwortlichkeiten des Arbeitsalltags eines Teams ab. Das sind jene Rollen, in denen wir überwiegend wirken und spezifische Arbeit für die Organisation erledigen. Sie werden auf Basis der gelebten Arbeitsteilung eines Teams initial beschrieben – entlang dessen, was ist. Daneben gibt es bestimmte Standardrollen, die immer dann etabliert werden, wenn ein neuer Kreis gebildet wird.

Die Struktur zur Beschreibung einer Rolle ist simpel: Sie besteht im Wesentlichen aus einem Namen, ihrem Purpose und den Verantwortlichkeiten. Während der Purpose den Daseinszweck der Rolle beschreibt (Warum braucht es diese Rolle?), lässt sich anhand der Verantwortlichkeiten der Rolle ablesen, wofür sie zuständig ist und was von ihr wiederkehrend erwartet werden kann.

Die Arbeitsteilung innerhalb des Teams wird durch spezifische Rollen ausgedrückt. Diese operativen Rollen beschreiben jene Aspekte, die aus Sicht des Teams nötig sind, um beispielsweise ein funktionierendes Marketing sicherzustellen.

In der Praxis fällt auf, dass Teams bei der Beschreibung ihrer Rollen auch Tätigkeiten und Verantwortlichkeiten beschreiben, die sie jenseits rein operativer Tätigkeiten übernehmen. Bei den o.g. Beispielen ist dies anhand der Rolle Newbie Mentor:in abgebildet. Diese Rolle spiegelt keine reine Marketing-Funktion wider. Sie ist allerdings für die Wirksamkeit des Teams relevant und daher ist es klug, Erwartungen an diese Rolle und die praktische Arbeit in der Rolle transparent im Team zu klären.

Für Rollen lassen sich optional auch sogenannte Domänen beschreiben, die eine besondere Hoheit einzelner Rollen über spezifische Arbeitsbereiche ermöglichen. Denn in der Holakratie ist grundsätzlich alles erlaubt, was nicht explizit eingeschränkt ist. Einige Einschränkungen, wie beispielsweise die Besetzung von operativen Rollen durch den Kreis-Lead, sind in der holakratischen Verfassung bereits standardmäßig als Domäne definiert. Andere lassen sich durch Domänen an einer spezifischen Rolle vornehmen. Beispielhaft ist dies in Tab. 4.3 bei der Rolle Design Guru ersichtlich, welche die Hoheit über den Arbeitsbereich Corporate Design hält. Domänen sind bei der Initialisierung von Rollen keineswegs erforderlich und es wird empfohlen, sie behutsam einzusetzen, um komplizierte Überregulierung zu vermeiden.

Durch die explizite und vor allem stets aktuelle Beschreibung von Rollen wird sichtbar, welche Tätigkeiten und Verantwortlichkeiten im eigenen Team existieren und wer wofür Verantwortung übernimmt. Noch wichtiger: Die Bedeutung der Verantwortlichkeiten wird durch das Team selbst gestaltet und verabredet.

Dadurch wird eine wichtige Grundlage für Kommunikation und Akzeptanz der Arbeitsteilung und damit zusammenhängende Erwartungen möglich. Gleichzeitig wird ersichtlich, wenn zwar bestimmte Rollen inkl. Verantwortlichkeiten existieren, diese Rollen jedoch aufgrund von Kapazitätsengpässen nicht besetzt werden können.

4.1.2.2 Standard-Rollen

Jeder Kreis umfasst neben den o.g. innenliegenden operativen Rollen (die wiederum selbst auch Sub-Kreise repräsentieren können) vier verschiedene Standardrollen.

- Kreis-Lead
- Kreis-Repräsentant:in (kurz: Kreis-Rep)
- Facilitator
- Secretary

Diese Standardrollen unterstützen einerseits die operative Arbeitsfähigkeit des Kreises, die Verteilung der Autorität sowie eine doppelte Verknüpfung in die nächsthöhere Kreisebene (Kreis-Lead und Kreis-Rep). Andererseits stellen sie sicher, dass Teams von effizienten und effektiven holakratischen Meetings profitieren können (Facilitator und Secretary).

In der nachstehenden Tab. 4.9 sind die holakratischen Standardrollen grundlegend beschrieben.

4.2   Prototypische Darstellung eines Marketing-Kreises

Kreise und Rollen sind in einer verschachtelten Struktur miteinander verbunden. Während Rollen bestimmte Verantwortlichkeiten beinhalten, umfassen Kreise verschiedene Rollen und/oder Sub-Kreise. In Abb. 4.1 ist ein prototypischer Kreis am Beispiel des Marketingteams illustriert. Der Kreis enthält sowohl die Standardrollen als auch die operativen Rollen des Kreises, die mit unterschiedlichen Hüten symbolisiert sind. Gleichzeitig ist er Teil einer außenliegenden Kreisstruktur.

Die Standardrollen Kreis-Lead und Kreis-Repräsentant:in halten eine doppelte Verbindung zur nächst-äußeren Ebene der Organisation aufrecht. In der Praxis bedeutet dies, dass sie berechtigt sind, am Tactical Meeting und Governance Meeting des nächsthöheren Kreises teilzunehmen, dessen Teil sie sind. Sie tragen Informationen von dort in den Marketing Kreis bzw. informieren oder eskalieren

Tab. 4.9 Standardrollen der Holakratie, in Anlehnung an Cowan (2023)

Standardrolle	Erläuterung
Kreis-Lead 	Verantwortlich für den Gesamt-Purpose seines Kreises und alle Verantwortlichkeiten, die nicht durch spezifisch besetzte Rollen im Kreis abgedeckt sind Hat besondere exklusive Rechte, die jedoch im Kreis modifiziert werden können (wie z. B. die Besetzung von Rollen im Kreis oder Prioritäten und Strategien für den Kreis zu definieren) Ist teilnahmeberechtigt an holakratischen Meetings des übergeordneten Kreises und hält somit die Verbindung zur nächsthöheren Ebene Ist eingesetzt vom Kreis-Lead des darüberliegenden Kreises Die Kreis-Lead Rolle enthält selbst keine operativen Verantwortlichkeiten, sondern dient vor allem der Arbeitsfähigkeit des Kreises. Meist übernehmen Kreis-Leads explizit weitere operative Rollen innerhalb des Kreises
Kreis-Repräsentant:in (Kreis-Rep) 	Sorgt dafür, dass Themen, die nicht im eigenen Kreis, sondern nur im nächsthöheren Kreis gelöst werden können, geklärt werden Fungiert damit als potenzielles Gegengewicht zum Kreis-Lead im Sinne einer Gewaltenteilung Die Kreis-Rep Rolle darf laut Verfassung nicht geändert oder entfernt werden Ist teilnahmeberechtigt an holakratischen Meetings des übergeordneten Kreises und hält somit die Verbindung zur nächsthöheren Ebene Die Kreis-Rep Rolle enthält selbst keine operativen Verantwortlichkeiten, sondern dient vor allem der Arbeitsfähigkeit des Kreises. Daher übernehmen Kreis-Reps explizit weitere operative Rollen innerhalb des Kreises Besetzung wird von Mitgliedern des Kreises mittels integrativer Wahl auf Zeit bestimmt und die Rolle rotiert damit tendenziell im Kreis

(Fortsetzung)

Tab. 4.9 (Fortsetzung)

Standardrolle	Erläuterung
Facilitator	Sorgt im Wesentlichen dafür, dass die holakratischen Meetings im Einklang mit den Spielregeln der Verfassung ablaufen Es dürfen Verantwortlichkeiten ergänzt werden, jedoch dürfen in der Verfassung spezifizierte Purpose und Verantwortlichkeiten nicht abgeändert oder entfernt werden. Auch hier wird die Besetzung von Mitgliedern des Kreises mittels integrativer Wahl auf Zeit bestimmt und die Rolle rotiert damit tendenziell im Kreis
Secretary	Ist verantwortlich für die erforderlichen Aufzeichnungen aus den holakratischen Meetings und ist maßgebend für deren Interpretation Es dürfen Verantwortlichkeiten ergänzt werden. Die in der Verfassung spezifizierten Purpose und Verantwortlichkeiten dürfen jedoch nicht abgeändert oder entfernt werden Besetzung wird von Mitgliedern des Kreises mittels integrativer Wahl auf Zeit bestimmt und die Rolle rotiert damit tendenziell im Kreis

Abb. 4.1 Prototypische Struktur eines Kreises und seiner Verbindung nach außen

ggf. „nach oben" oder aus Sicht des Kreises „nach außen". Die weiteren Standardrollen Secretary und Facilitator wirken nach innen und dienen dem Zweck, dass einerseits die Tactical Meetings zur operativen Abstimmung sowie andererseits die Governance Meetings für strukturelle Anpassungen effektiv erfolgen können.

Standardrollen sind eine grundlegende Hilfsstruktur und dienen der Arbeitsfähigkeit eines Kreises. Sie werden in aller Regel im Einklang mit bestimmten operativen Rollen wahrgenommen. Vom Grundgedanken wirkt niemand ausschließlich und quasi Vollzeit in einer der Standardrollen. Vielmehr liegt die Aufmerksamkeit der Kreismitglieder auf der Wirkung in ihren operativen Rollen.

Denn die Wirkung des Kreises insgesamt entfaltet sich vornehmlich über die Arbeit in den operativen Rollen, also z. B. die Arbeit als Content Manager:in oder Event Manager:in. Da ein Mensch mehr als eine Rolle übernehmen kann, ist in der obigen Abbildung lediglich die Struktur des Kreises erkennbar. Es ist nicht ersichtlich, wie viele Menschen sich tatsächlich die Rollen und damit auch die Arbeit innerhalb des Kreises teilen. Fakt ist jedoch, dass sie sich strukturiert über ihre operative Arbeit und nächsten Schritte in einem Tactical Meeting austauschen (Abschn. 5.3.1).

Strukturelle Anpassungen der Rollen eines Kreises werden ausschließlich durch dessen Mitglieder im Rahmen des Governance Meetings durchgeführt (Abschn. 5.3.2). Dabei werden Rollen einem bestimmten Governance-Prozess hinzugefügt, angepasst oder gelöscht. So wird sichergestellt, dass eine Rolle aktuell bleibt und nur so lange besteht, wie sie für den Purpose des Kreises nötig und hilfreich ist. Das System aktualisiert sich somit selbst und baut nicht genutzte Organisationsstrukturen zurück.

Wenn sich ganze Organisationen entlang der Logik von Rollen und Kreisen etablieren, ergeben sich miteinander gekoppelte Elemente, welche die arbeitsteilige Purpose-Hierarchie der Unternehmung repräsentieren. Organisationen und ihre Elemente werden in der Holakratie anstelle eines klassischen Organigramms als ineinander verschachtelte Rollen und Kreise visualisiert, die eine wie in Abb. 4.2 dargestellte hierarchische Kreisstruktur ergeben. Wenngleich die visuelle Darstellung als Kreise erfolgt, ließe sich die jeweils gültige Struktur auch als klassisch-hierarchisches Organigramm ausdrücken.

Die Abbildung von Rollen und Kreisen ergibt so die holakratische Aufbauorganisation als ineinander verschachtelte Kreise, welche die Arbeitsorganisation als Kreisstruktur sichtbar und damit auch besprechbar macht. Das ist vorteilhaft, denn es ist schnell ersichtlich, wie konkrete Zuständigkeiten zum Zeitpunkt der Betrachtung in der Organisation verteilt sind, während das klassische Organigramm immerhin Auskunft über die grundlegende Struktur bietet. Mittlerweile gibt es eine Auswahl an Software, welche die Adaption selbstorganisierter Arbeitsweisen (auch über die Regularien der Holakratie hinaus) wirkungsvoll unterstützen.

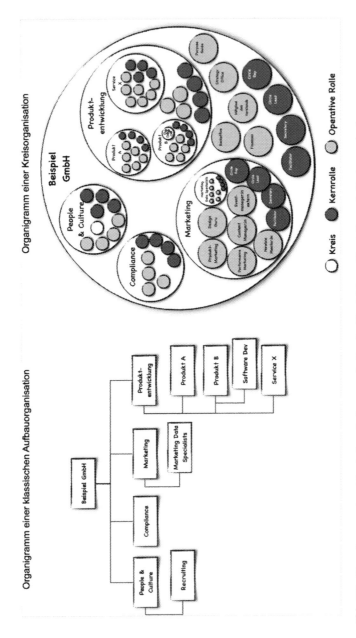

Abb. 4.2 Organigramm einer klassischen Aufbauorganisation im Vergleich zur Darstellung als Kreisorganisation

Der Spielablauf der Holakratie

5

5.1 Spannungsbasiertes Arbeiten: Triebfeder der Organisation

Die im vorangegangenen Abschnitt beschriebenen Rollen werden von Menschen belebt. Menschen sind es auch, die im Alltag Unstimmigkeiten oder Möglichkeiten wahrnehmen. Diese Wahrnehmungen drücken stets einen Unterschied zwischen dem aktuellen Ist-Zustand und dem, wie es stattdessen als Soll-Zustand sein könnte und sollte, aus. Diese menschliche Sensorik ist essenziell wichtig und bemerkt das Delta aus Soll und Ist als Spannung (engl. tension). Werden Spannungen nicht zur Verfügung gestellt und kommuniziert, bleibt die beste rollenbasierte Struktur leb- und wirkungslos.

Spannungen sind in diesem Sinne ihrem Charakter nach nichts anderes als der Hinweis auf vorhandene Potenziale. Der Begriff Spannung wird in der Soziokratie und Holakratie gleichermaßen verwendet. Robertson (2016) beschreibt eine Spannung als „die Wahrnehmung einer spezifischen Lücke zwischen gegenwärtiger Realität und dem wahrgenommenen Potenzial." (S. 5 ff.).

Spannungen sind keineswegs nur negativ oder problembehaftet, auch wenn dies zunächst so erscheinen mag. Vielmehr können Spannungen auch auf innovative Ideen oder aktuell positive und damit schützenswerte Zustände hinweisen: z. B. darauf, dass ein Projekterfolg gebührend gefeiert werden sollte.

Spannungsbasiertes Arbeiten ist somit eine wichtige Fähigkeit, die uns ermöglicht, Unstimmigkeiten bewusst wahrzunehmen, um ein Thema konstruktiv in Richtung einer Lösung zu entwickeln. Es ist eine inhärent menschliche Fähigkeit, in jedem Moment Unstimmigkeiten wahrzunehmen und Möglichkeiten für Veränderung zu sehen. Diese Kapazitäten zu nutzen, stellt ein großes Potenzial für Organisationen dar.

A. Hertel et al., *Selbstorganisation mit Holakratie*, essentials, https://doi.org/10.1007/978-3-662-68777-2_5

Eine Unstimmigkeit wahrnehmen zu können, bedingt immer auch die Vorstellung einer positiven Veränderung, die an die Stelle der Unstimmigkeit treten könnte. Das Ansprechen und Verarbeiten von Spannungen führt daher zu den notwendigen konkreten Aktionen, was durch Selbstorganisation explizit gefördert wird. Wie in Kap. 3.1 mit dem Modell der Vier Räume dargestellt, kann der Lösungsraum für Spannungen je nach Kontext durchaus unterschiedlich sein.

Eine Frage ist bei der Spannungsverarbeitung stets von zentraler Bedeutung: *Was brauchst du?* Alternativ könnte auch gefragt werden: Was braucht man jetzt, um den Ist-Zustand in Richtung eines positiven Soll-Zustands zu bewegen?

Die Frage nach dem, was gebraucht wird, richtet sich an die Person als Rolleninhaber:in, die eine Spannung einbringt. Denn wenn jemand ein Problem wahrnimmt, dann nur, weil im Kontrast dazu auch die Idee einer Lösung vorhanden ist. Man versucht herauszuarbeiten, welche konkreten Schritte lösungsorientiert in Richtung eines positiven Unterschieds gegangen werden sollten. Auf diese Weise wird in Richtung Lösung konstruiert. Dies unterstreicht einmal mehr die Förderung von Selbstverantwortung, die in der Holakratie (und wesensgleich in der Soziokratie) elementar ist.

Der Raum (bzw. Kontext) und der konkrete nächste Schritt für die Verarbeitung der Spannung werden von jener Person ausgewählt, welche sie kommuniziert hat. Im Abschn. 5.3 werden wir die prototypischen Wege zur Verarbeitung operativer und struktureller Spannungen im Kontext Organisation vorstellen, welche durch die Holakratie formalisiert sind.

Die konsequente Orientierung an Spannungen und den damit verknüpften Bedürfnissen von Rolleninhaber:innen ist in der Praxis von Bedeutung, um eine wirksame Entwicklung zu fördern. Infolgedessen eröffnet die kollektive Verwendung des Begriffs Spannung und die damit einhergehende Verbreitung der zugrunde liegenden Idee durchaus eine neue kulturstiftende Perspektive in Organisationen. Im Folgenden wird mit dem Begriff „Spannungsgeber:in" auf die Person referenziert, die eine Spannung einbringt.

5.2   Varianten der Entscheidungsfindung

Es gibt verschiedene Arten der Entscheidungsfindung, die in Teams angewendet werden können. Alle haben gewisse Vor- und Nachteile, die sich im Grad der Einbeziehung, Akzeptanz und des Zeitaufwands ausdrücken lassen. Folgende Entscheidungsformate lassen sich unterscheiden:

- Autokratischer Einzelentscheid: Eine Person entscheidet (mit oder ohne vorherige Konsultation).

- Demokratischer Entscheid: Die Mehrheit entscheidet entlang bestimmter Mehrheitsverhältnisse.
- Disagree and Commit: Nicht alle sind von der Entscheidung überzeugt, tragen sie jedoch mit.
- Konsens: Alle stimmen dem Vorschlag zu.
- Widerstandsabfrage: Heterogene Gruppen entscheiden sich für einen von mehreren Vorschlägen, der den geringsten Widerstand in der Gruppe auslöst.
- Konsent: Niemand hat Bedenken oder einen Einwand.

Erst die Kenntnis der verschiedenen Entscheidungsvarianten ermöglicht ihren bewussten Einsatz. Ohne das Wissen über Entscheidungsarten lässt sich in der Praxis oft die unbewusste Tendenz beobachten, einzelne der Entscheidungsformen zu präferieren.

Im Regelwerk der Holakratie sind zwei dieser Entscheidungsvarianten eingewoben: der autokratische Einzelentscheid und der Konsent. Unabhängig davon lassen sich die anderen Varianten außerhalb der holakratischen Formate einsetzen.

Der autokratische Einzelentscheid soll die Autonomie von Rolleninhaber:innen entlang ihrer Verantwortlichkeiten unterstützen. Vorteil dieser Variante ist ihre Geschwindigkeit und genau davon soll die Organisation im operativen Alltag profitieren. Du kannst es in deiner Rolle entscheiden? Go for it! Nutze deine Autonomie! Nicht aus einer singulär egoistischen Perspektive heraus, sondern stets im Einklang mit dem Purpose und den Prinzipien der Organisation, was wiederum die kulturelle Basis der Organisation referenziert, die wir in Kap. 3 vorgestellt haben.

Wenn es um die strukturelle Anpassung des Kreises geht oder um Regeln, die für alle Kreismitglieder verbindlich sein sollen, wird der Konsent angewendet. Dadurch wird die Einbeziehung der Kreismitglieder sichergestellt und die Möglichkeit genutzt, Risiken aufzudecken und diese als Einwände einzubringen. Sofern ein Einwand artikuliert wird, gilt es diesen freundlich zu betrachten. Denn dessen Kenntnis und seine Integration machen den Ursprungsvorschlag besser und sollen dabei helfen, Schaden vom Kreis abzuwenden. Auch hier liefern eine zugewandte Kultur und insbesondere Kontextbewusstsein die nötige Basis, damit Einwände gegen eigene Vorschläge z. B. nicht persönlich genommen werden.

5.3   Meetings: gemeinsame Anknüpfungspunkte

In der Holakratie gibt es zwei zentrale Meetingroutinen: das Tactical Meeting und das Governance Meeting. Das Tactical Meeting dient als Gelegenheit zur Synchronisation des Kreises über operative Themen des Arbeitsalltags. Es bezieht sich auf die Arbeit *in* der Organisation (bzw. innerhalb der operativen Rollen). Ergänzend ist das Governance Meeting der richtige Ort, um die Kreisstruktur gemeinsam anzupassen, z. B. können Rollen und Regelungen eines Kreises modifiziert werden. Hierbei geht es demnach um die Arbeit *an* der Organisation (also bspw. an den operativen Rollen).

In der Regel gibt es bestimmte zeitliche Rhythmen für beide Meetings, wobei jedes Kreismitglied jederzeit beim Secretary die kurzfristige außerordentliche Einberufung eines Meetings adressieren kann.

Beide Meetings richten sich an alle Mitglieder eines Kreises und sind in ihrem Ablauf in der holakratischen Verfassung beschrieben (Artikel 3 bzw. Artikel 5 in (HolacracyOne, 2023a)). Sie funktionieren sowohl in Präsenz- als auch in Remote-Settings.

Diese Art von Meetings sind für viele Organisationen in Form und Ablauf neu. In der Praxis hat sich gezeigt, dass Facilitation Trainings und ein begleitendes Coaching während der ersten holakratischen Formate stets positiv zur Qualität der Meetings und gesteigerter Akzeptanz beigetragen haben, da Irritationen schnell und praxisnah aufgelöst werden konnten. Eine Begleitung bietet sich insbesondere für das Governance Meeting an, welches oftmals als komplexer wahrgenommen wird als das Tactical Meeting.

5.3.1   Das Tactical Meeting für operative Synchronisation

Das Tactical Meeting ist für die operativen Belange der Organisation gedacht und findet in der Regel im ein- bis zweiwöchigen Takt statt, wobei es zumeist eine bis maximal zwei Stunden umfasst. Es soll die Kreismitglieder dabei unterstützen, einen Überblick über die aktuelle Situation zu erhalten und operative Spannungen innerhalb des Kreises zu verarbeiten.

Auch wenn das Tactical Meeting einen fixen Termin zur Spannungsverarbeitung darstellt, kann und soll alles, was im Tactical Meeting besprochen werden kann, auch außerhalb des Meetings besprochen werden. Das bedeutet, dass Kreismitglieder ihre Spannungen nicht bis zum Tactical Meeting „aufheben" müssen, bevor sie sie verarbeiten. Sie können und sollen das vielmehr jederzeit untereinander tun, wenn sie dies für geboten halten. Dies gilt insbesondere für Spannungen, die nicht den eigenen Kreis betreffen.

Die Einladungen zum Tactical Meeting werden durch die Rolle des Secretary versendet und verwaltet. Diese Rolle übernimmt während des Meetings auch die notwendige Dokumentation der Spannungen und daraus abgeleitet die nächsten Schritte. Die Moderation des Meetings erfolgt durch den Facilitator, der für einen effektiven Ablauf sorgen soll. Das bedeutet, dass dies kein Ort für tiefgreifende Diskussionen oder schwierige Entscheidungen ist. Es geht schlichtweg um einen gemeinsamen Überblick und die operative Abstimmung zu Themen, die das ganze Team betreffen. Ziel ist es, dass die Kreismitglieder nach dem einstündigen Meeting gut informiert und abgestimmt auseinandergehen und daher die Zeit im Meeting als gut investiert einschätzen.

Innerhalb des Meetings sind alle Kreismitglieder gleichberechtigt. Für die Durchführung des Tactical Meetings gilt eine in der Verfassung beschriebene Agenda, die jedoch durch den Kreis im Bedarfsfall modifiziert werden kann (Tab. 5.1).

Ausgehend von den gesammelten Spannungen werden diese schrittweise behandelt: Der Facilitator bittet zunächst die Person, die die Spannung eingebracht hat, ihr Anliegen zu formulieren und fragt dann, was sie vom Kreis benötigt, um die Spannung zu lösen. Die gezielte Steuerung von Beiträgen ist ein Muster in den holakratischen Meetings. Damit soll sichergestellt werden, dass Meetings tatsächlichen Mehrwert generieren und das Abgleiten in Detail-Diskussionen vermieden wird.

Zur Verarbeitung von Spannungen im Tactical Meeting gibt es fünf Optionen. Welche der Optionen für die Verarbeitung der Spannung im operativen Raum (Abschn. 3.1) gewählt wird, obliegt der Person, die die Spannung eingangs eingebracht hat.

Die fünf Wege, um operative Spannungen im Tactical Meeting zu behandeln, sind:

Bei Spannungen im Tactical Meeting hält der Facilitator stets den Fokus auf der Person, die die Spannung eingebracht hat, und der Lösung ihrer Spannung, sodass sich keine Stellvertreterdiskussionen oder Themenwechsel einschleichen können. Eine Spannung gilt dann als bearbeitet, wenn die Person, die sie eingebracht hat, mitteilt, dass sie bekommen hat, was sie braucht.

Diese Art der Spannungsverarbeitung ist eingebettet in den Ablauf des Tactical Meetings. Im ersten Teil des Meetings geht es um den gemeinsamen Überblick zu Checklisten, Kennzahlen und Projekt-Updates. Eine derartige Fortschrittsbetrachtung geht damit in die kollektive Verantwortung des Kreises, anstatt einer Führungsrolle zugeordnet zu sein. Daraus können Spannungen resultieren, z. B. aufgrund einer verschlechterten Kennzahl oder weil sich in einem Projekt lange Zeit nichts getan hat. Diese Spannungen können anschließend im zweiten Teil des Meetings direkt verarbeitet werden.

Tab. 5.1 Agenda für die Durchführung des Tactical Meetings

Phase	Schritte	Inhalt
Eröffnung	Check-in	Dient dem gemeinsamen Ankommen im Meeting und soll helfen, die Stimmung der Kreismitglieder kenntlich zu machen und die Aufmerksamkeit auf das anstehende Meeting zu lenken
Gemeinsamen Überblick verschaffen	Checklisten	Checklisten dienen dem Überblick zu wiederkehrenden Tätigkeiten (z. B. Blogposts verfassen, Überprüfung auf notwendige Updates für Softwareinfrastruktur, Listen pflegen, Sommerfest organisieren) Die für die jeweilige Checkliste verantwortliche Rolle wird gefragt und gibt eine kurze Rückmeldung über erledigte wiederkehrende Aktivitäten
	Kennzahlen	Die für die jeweilige Kennzahl verantwortlichen Rollen berichten über die entsprechenden Veränderungen der Kennzahlen
	Projekt-Updates	Bei Projekten, die den Kreis betreffen, informieren die jeweils verantwortlichen Rollen über Fortschritte, die einen Unterschied zu ihrem letzten Projekt-Update machen
Ableitung nächster Schritte	Agenda erstellen und Spannungen verarbeiten	Zunächst werden stichpunktartig die Spannungen der Teilnehmenden aufgenommen, um einen Überblick zu deren Anzahl zu erhalten (wenngleich sich auch während des Meetings neue Spannungen ergeben können und diese der Agenda hinzugefügt werden können) Danach werden die Spannungen einzeln betrachtet, bis idealerweise alle Themen nach folgendem Muster behandelt wurden: 1. Spannung vorstellen (Spannungsgeber:in) 2. „Was brauchst du?" (Facilitator) 3. Entscheid für einen der fünf Wege (Tab. 5.2) zur Spannungsverarbeitung treffen (Spannungsgeber:in) 4. „Hast du bekommen, was du brauchst?" (Facilitator)
Abschluss	Check-out	Jede/r hat reihum die Möglichkeit zu einer kurzen Reflexion bezüglich des Meetings

Tab. 5.2 Fünf Wege zur Spannungsverarbeitung im Tactical Meeting

Weg	Beschreibung
Information teilen	Es wird eine Information in der Runde mitgeteilt, ohne dass es darauf eine Reaktion aus der Runde bedarf
Information anfragen	Es wird eine Information oder Einschätzung einer oder mehrerer anderer Rollen benötigt und diese nachgefragt
Aufgabe zuweisen	Eine Aufgabe (als kleiner Arbeitsauftrag) wird bei sich selbst oder einer anderen Rolle angefragt. Die Erledigung wird nicht vom Kreis nachverfolgt
Projekt zuweisen	Ein Projekt (als komplexeres Arbeitspaket) wird bei sich selbst oder einer anderen Rolle adressiert. Projekte werden in die Projektübersicht aufgenommen und vom Kreis nachverfolgt
Governance Spannung benennen	Es wird festgestellt, dass eine Veränderung von Rollen oder Richtlinien des Kreises benötigt wird (z. B. eine Rolle oder Verantwortlichkeit fehlt bzw. soll modifiziert oder entfernt werden). Die Spannung wird dann an den passenden Raum zur Verarbeitung verlagert: das Governance Meeting

Das Tactical Meeting ist ein typisches Beispiel dafür, dass etwas erlebt werden muss und nicht allein aus der Beschreibung heraus durchdrungen werden kann. Die theoretische Beschreibung wird manchmal als ziemlich formalisiert empfunden. Gleichzeitig profitieren Teams vielfach von der lösungsorientierten Struktur des dargestellten Ansatzes und empfinden das Format als hilfreich und effektiv, weil sie erleben, wie viele Themen innerhalb einer Stunde mit einem konkreten nächsten Schritt versehen werden können.

Die Praxis zeigt außerdem, dass Tactical Meetings in Verbindung mit einer spannungsbasierten Arbeitsweise Elemente sind, die auch ohne eine komplette Adaption der Holakratie in Organisationen Transparenz, Fokus sowie Kooperation fördern und infolgedessen einen beachtenswerten Mehrwert für sich erzeugen. Um diesen Mehrwert für die Selbststeuerung eines Teams im Allgemeinen und des Tactical Meetings im Speziellen zu erzielen, ist der Aufbau bzw. Ausbau der benötigten Artefakte (Checklisten, Kennzahlen- und Projektübersicht) zwingend notwendig.

5.3.2 Das Governance Meeting für strukturelle Anpassung

Ein wesentlicher Vorteil selbstorganisierter Frameworks ist ihr Update-Mechanismus, der sie in die Lage versetzt, ihre Aufbauorganisation und Richtlinien bei Bedarf zu verändern. In der Holakratie bietet sich dafür im Rahmen von Governance Meetings regelmäßig die Gelegenheit.

Typischerweise finden Governance Meetings im Rhythmus von sechs bis acht Wochen statt und können zudem bedarfsweise jederzeit anberaumt werden. Eine übliche Dauer liegt bei ein bis zwei Stunden und falls keine Governance Spannungen vorliegen, wird das Meeting vorzeitig beendet. Auf der Grundlage von Spannungen lassen sich im Governance Meeting folgende Ergebnisse erzeugen:

- Eine Rolle bzw. einen Sub-Kreis etablieren, verändern oder entfernen.
- Eine Domäne und/oder Richtlinie etablieren, verändern oder entfernen.
- Die Neubesetzung der Standardrollen Kreis-Rep, Facilitator oder Secretary durchführen.

Um diese Ergebnisse zu erzeugen, sind in der holakratischen Verfassung spezifische Vorgehensweisen definiert. Diese erstrecken sich auf die Agenda des Meetings, den Integrativen Entscheidungsprozess und den Integrativen Wahlprozess. Die Agenda ist recht simpel und besteht lediglich aus den folgenden Punkten:

- Check-in
- Agenda-Erstellung & Verarbeitung
- Abschlussrunde

Spannend wird es mit Blick auf den Integrativen Entscheidungsprozess, der auf Struktur- und Regelanpassungen (in Bezug auf Rollen, Domänen oder Richtlinien) angewendet wird.

Vielleicht kennst du folgende Situation: Jemand im Team macht einen Vorschlag, der anschließend von den Anwesenden ausgiebig diskutiert wird. Meinungen werden kundgetan, das Für und Wider zum Vorschlag abgewogen. Es gibt einige, die wortreich über den Vorschlag reflektieren, andere sind eher still. Inhaltlich gibt es den Hinweis, dass bestimmte angrenzende Problemstellungen leider nicht vom Vorschlag gelöst werden und er daher erweitert werden müsste. Oder es gibt vielleicht die Aussage, dass irgendetwas an dem Vorschlag ein mulmiges Gefühl auslöst, ohne dass sich dieses konkret formulieren ließe. Vielleicht entwickelt sich auch ein hitziges Streitgespräch. Am Ende ist das Meeting vorbei, ohne dass sich die Gruppe zu einer Entscheidung durchringen konnte.

Der Integrative Entscheidungsprozess basiert auf dem Konsent-Verfahren und ist darauf ausgelegt, diese Dynamiken zu steuern und das Team zu einer fundierten Entscheidung zu führen, in die alle Kreismitglieder eingebunden sind. Die Intention dieses Prozesses ist primär, Spannungsgeber:innen zu unterstützen. Schließlich haben jene Personen in ihrer Wahrnehmung ein Potenzial entdeckt, welches das Team voranbringen soll. Wenn andere Kreismitglieder im Vorschlag Risiken erkennen, gilt es diese gleichermaßen zu berücksichtigen, um den Vorschlag damit zu verbessern.

Die Schritte des Integrativen Entscheidungsprozesses folgen dem nachstehenden Ablauf (Tab. 5.3).

Eine prozessierte Spannung im Governance Meeting kann als Mini-Organisationsentwicklung verstanden werden. Hierbei wird die Organisation am Ort des Geschehens angepasst.

Insbesondere bei der Integration von Einwänden und Vorschlägen, die letzte Abgleiche und Synthese der Perspektiven der Kreismitglieder repräsentieren, spielen kulturelle Aspekte wie Zugewandtheit, Resonanz und Beziehungsqualität zwischen den Kreismitgliedern eine wesentliche Rolle.

Dies gilt ebenso für die Besetzung der Kernrollen, die nach einer bestimmten Periode neu gewählt werden. Eine Neubesetzung kann auch jederzeit durch jedes Kreismitglied initiiert werden. Die Nominierung und Entscheidung fällt das Team gemeinsam unter Anwendung des Integrativen Wahlprozesses, der ebenfalls auf dem Konsent basiert und nach folgendem Muster (Tab. 5.4) abläuft:

Mithilfe der beschriebenen Verfahren können Teams ihre Strukturen gemeinsam aktuell halten.

Die Kenntnis und das Verständnis für die Intentionen, Abläufe und Dynamik der holakratischen Meetings sind essenziell für eine erfolgreiche Adaption. Durch Trainingsangebote, die neben der Theorie vor allem praktische Testläufe mit anschließender Reflexion ermöglichen sollen, können Teams schnell die holakratischen Meetings für sich kultivieren und daraus Nutzen ziehen. Begleitend dazu haben sich spezifische Facilitation-Trainings als wirkungsvoll für eine gelungene Adaption gezeigt. Denn neben der formalen Meetingstruktur ist die Art und Weise der Moderation erfolgskritisch.

Es macht einen Unterschied für Akzeptanz und Verstetigung im Team, ob elastisch und mit Ruhe durch den Prozess geführt wurde und ein Miteinander entstehen kann, bei dem die relevanten Themen effektiv geklärt werden. Ein Kontrast dazu entsteht, wenn Menschen erleben, dass die Teilnehmenden starr und rigide durch das Meeting gezerrt werden. Ebenso können überzeichnete und „zu intime" bzw. „zu esoterische" Check-ins und Moderationsstile für Irritation und Ablehnung sorgen, wenn sie nicht zur Teamkultur passen.

Tab. 5.3 Der Integrative Entscheidungsprozess

Schritt	Beschreibung
Vorschlag vorstellen	Ein Kreismitglied stellt seine Spannung und einen initialen Lösungsvorschlag vor. Dies kann idealerweise vorbereitet oder auch spontan während des Meetings geschehen
Verständnisfragen	Andere Kreismitglieder dürfen Fragen stellen, um die Spannung oder den Vorschlag besser zu verstehen. Die Fragen werden von der vorschlagenden Rolle bestmöglich beantwortet. Der Facilitator achtet darauf, dass tatsächlich Verständnisfragen gestellt und nicht bereits Reaktionen auf den Vorschlag geäußert werden
Reaktionsrunde	Jedes Kreismitglied wird reihum nach seiner Reaktion auf den Vorschlag befragt. Dabei ist jedes Kreismitglied eingeladen, seine ehrliche Meinung kundzutun, egal ob Zustimmung, Ablehnung oder Neutralität. Hier können bereits erste Bedenken auftauchen und es kann helfen, diese zu erwähnen und um Ideen zu ergänzen, die den Vorschlag verbessern würden. Das Kreismitglied, welches den Vorschlag eingebracht hat, hört zu und kommentiert nicht
Klärung und ggf. Anpassung des Vorschlags	Das Kreismitglied, welches den Vorschlag eingebracht, hat die Möglichkeit, die Reaktionen der anderen zu kommentieren und an seinem ursprünglichen Vorschlag festzuhalten, ihn anzupassen oder zurückzuziehen
Bedenken-/ Einwandrunde	Der Facilitator fragt alle Kreismitglieder nacheinander, ob sie Einwände zum Vorschlag erheben möchten, um potenzielle Risiken abzuwenden: Siehst du einen Grund, weshalb die Annahme des Vorschlags einen Schaden verursacht? Der Facilitator hilft den Einwandgeber:innen dabei, ihre Einwände anhand bestimmter Fragen zu überprüfen. Valide Einwände werden einzeln im nächsten Schritt integriert. Ein Vorschlag gilt als angenommen, wenn keine Einwände durch die Kreismitglieder artikuliert werden
Integrationsrunde	Valide Einwände werden nun nacheinander in den ursprünglichen Vorschlag integriert, indem Vorschlaggeber:in und Einwandgeber:in eine gemeinsame Lösung entwickeln und in einen neuen Vorschlag überführen. Die Integrationsrunde endet, wenn der:die Einwandgeber:in seinen bzw. ihren Einwand als aufgelöst ansieht. Anschließend wird in einer weiteren Einwandrunde überprüft, ob der neu entstandene Vorschlag vom Kreis angenommen werden kann oder neue Einwände erzeugt hat

Tab. 5.4 Der Integrative Wahlprozess

Schritt	Beschreibung
Beschreibung der Rolle	Der Facilitator beschreibt die Rolle und die anstehende Amtsdauer für die Kreismitglieder
Kandidat:innen-Nominierung	Jedes Kreismitglied notiert geheim auf einem Zettel (oder digitalen Medium) seine Nominierung für die Rollenbesetzung. Dabei darf man sich selbst oder andere nominieren
Nominierungsrunde	Der Facilitator verliest die Nominierungsvorschläge und gibt jedem Kreismitglied die Gelegenheit, seine Nominierung zu begründen. So erfährt jede/r die Beweggründe und Vorschläge der anderen
Nominierungs-Anpassung	Jedes Kreismitglied hat die Gelegenheit, seinen ursprünglichen Nominierungsvorschlag anzupassen und die Gründe dafür mit den anderen zu teilen
Vorschlag	Der Facilitator macht auf Basis der Nominierungen einen konkreten Vorschlag für die Besetzung der Rolle, der sich an der Anzahl der Stimmen für die Kandidatin oder den Kandidaten orientiert
Einwandrunde	Jedes Kreismitglied wird vom Facilitator nach einem möglichen Einwand gefragt. Sofern es Einwände gibt, kann er entweder eine Integration anstreben oder den Nominierungsvorschlag verwerfen und einen neuen Vorschlag formulieren

Kritische Perspektive

Die Holakratie wird durchaus auch kritisch betrachtet. Im Buch „Schattenorganisation" von Kühl (2023) finden sich beispielsweise Auseinandersetzungen mit agilem Management und den Gefahren von ungewollter Bürokratisierung, die in selbstorganisierten holakratischen Kontexten durchaus zum Thema werden können.

Eine weitere kritische Perspektive bieten Kühl und Sua-Ngam-Iam (2023) an. Sie untersuchten fünf holakratische Organisationen durch teilnehmende Beobachtungen in Meetings und Interviews mit Mitarbeitenden und entdeckten verschiedene kritikwürdige Entwicklungen. Darunter beispielsweise die Bildung von Kreisen und Rollen ohne tatsächliche Bedeutung, Überforderung durch die Vielfalt von Rollen, eine (Über-)Formalisierung von Interaktionen, die den offenen Austausch verhindert, Überforderung durch die Verfassung und die Bildung von Schatten-Abteilungen, die außerhalb der Holacracy-Struktur operieren. Vor diesem Hintergrund wurde auch beobachtet, wie Hinterbühnen für informelle Kommunikation geschaffen wurden, da die holakratischen Abläufe nicht wirksam wurden. Diese Perspektiven werfen Zweifel an der Wirksamkeit und der praktischen Anwendbarkeit von Holakratie und vergleichbaren Ansätzen auf und unterstreichen die Notwendigkeit einer kontextbezogenen und wirkungsvollen Veränderungsarbeit bei der Einführung derartiger Organisationsmodelle.

Ausschlaggebend für gelingende Selbstorganisation mit Holakratie ist keineswegs nur das Verständnis für die Regeln. Denn wenn deren Anwendung nur erfolgt, weil sie vorgeschrieben ist, entsteht tendenziell Bürokratie und in Folge manifestieren sich die genannten Kritikpunkte. Werden jedoch Bedeutung und

A. Hertel et al., *Selbstorganisation mit Holakratie*, essentials, https://doi.org/10.1007/978-3-662-68777-2_6

Sinn von den Beteiligten erkannt, entsteht eine natürliche Bereitschaft zur Adaption und Entfaltung der selbstorganisierten Arbeitsweisen inklusive der dafür nötigen Formalismen.

Gleichzeitig lässt sich feststellen, dass die kritisierten Phänomene auch in klassischen Organisationsformen zu beobachten sind. So wurde die Abweichung von Formalstrukturen in der Organisationspraxis und das daraus resultierende Phänomen brauchbarer Illegalität bereits in den 1960er-Jahren von Niklas Luhmann beschrieben (Luhmann, 1999). Insbesondere ein „Überstülpen" und eine überwiegend formal- und regelorientierte Einführung der Holakratie oder anderer Organisationskonstrukte führen zu tendenziell geringer Akzeptanz und Rückhalt in den sozialen Systemen, da die Anschlussfähigkeit verloren geht.

Breit (2023) erwähnt ebenfalls unterschiedliche zentrale Kritikpunkte und zeigt auf, dass diese, wenn sie im Veränderungsprozess bewusst berücksichtigt werden, zu wichtigen Erfolgsfaktoren werden können. Ein Mangel an Schulungen und ausgebildeten Facilitatoren im holakratischen System kann zu einem negativen Kreislauf mit abnehmender Beteiligung und wachsender Unsicherheit führen. Doch intensives Mitarbeitenden-Coaching und die Förderung einer positiven Fehlerkultur können zu einem positiven Kreislauf führen. Eine kompetente Begleitung ist daher durchaus erfolgskritisch, da die Art miteinander zu arbeiten in vielen Fällen deutlich verändert wird.

Die Einführung der Holakratie erfordert nicht nur das Erlernen, sondern auch die gemeinsame Beachtung der vereinbarten Prinzipien und Spielregeln. Ausgebildete Facilitatoren wenden die Meetingregeln flexibel an und dringende Anliegen können außerhalb der Meetings geklärt werden. Spannungen werden als Potenzial zur Verbesserung betrachtet und ein direkter Austausch zwischen Rollen erfolgt ohne formelle Meetings. Übermäßige Moderation oder das Fehlen derselben in Meetings kann jedoch negative Auswirkungen haben und eine informelle Struktur begünstigen, besonders bei emotionaler Kommunikation. Es geht wie so häufig darum, eine gute Balance zwischen zwei Polen zu finden, die zur Organisation passt.

Je nach gesetzlichen Rahmenbedingungen kann es eine Vorgabe sein, dass eine Person dem Gesetz gegenüber für die Einhaltung gewisser Vorgaben verantwortlich ist (z. B. im Handelsregister) und auch haftbar gemacht werden kann. Rechtliche Verantwortlichkeiten müssen stets respektiert werden, unabhängig von der Organisationsstruktur. Holakratie definiert klare Rollen und Verantwortlichkeiten, welche ausschließlich nach innen wirken und mit extern erforderlichen Vertretungsregelungen sowie gesetzlichen Anforderungen im Einklang stehen müssen. Ein spezieller Compliance-Kreis kann eingerichtet werden, um die

Gesetzeskonformität sicherzustellen. Gleichzeitig entlastet die Delegationsstruktur einer Organisation von nicht formaljuristischen Verantwortlichkeiten (Breit, 2023).

Ein weiterer Diskussionspunkt in der Holakratie ist der Markenschutz des Begriffs „Holacracy". Um externe Organisationen zu begleiten, sind Zertifizierung und Lizenzierungsbedingungen mit HolacracyOne als Lizenzgeber abzustimmen. Dies löst kontroverse Debatten aus, da hierdurch die Verbreitung beschränkt wird und durch den Ansatz als Geschäftsmodell zusätzliche Kosten entstehen können. Andererseits kann argumentiert werden, dass der Markenschutz die Möglichkeit zur Sicherstellung von Qualität bietet, wenn andere Organisationen bei der Adaption holakratischer Praxis unterstützt werden. Die interne Anwendung der Holakratie in der eigenen Organisation ist jedenfalls möglich und setzt keine vorhergehende Zertifizierung oder Lizenzierung voraus. Lediglich Beratungsleistungen, die an externe Kund:innen unter dem Label Holacracy angeboten werden, müssen zwingend durch lizenzierte und zertifizierte Berater:innen erfolgen.

Hintergrundinformation
Die Einführung von Holakratie ist anspruchsvoll und birgt diverse Stolpersteine. Grolimund (2023) arbeitete heraus, dass sich dabei die Muster klassischer Veränderungsprozesse (z. B. nach Kotter, 1999) zeigen. In der Transformation empfiehlt es sich, auf die folgenden fünf Faktoren zu achten.

1. Klarheit in Bezug auf die Motivation und die Erwartungen
2. Psychologisch sichere Organisationskultur
3. Reflexionsfähigkeit der Führungspersonen und ihre Bereitschaft, sich an die Veränderungen anzupassen
4. Ressourcen wie Zeit und Geld
5. Interne und/oder externe erfahrene Begleitung

Selbstorganisation als Organisationsmodell ist angesichts der Dynamik unserer Zeit, in der zentrale Steuerungsmechanismen an ihre Grenzen kommen, durchaus attraktiv. Holakratie eröffnet einen konkreten Ansatz für Selbstorganisation, der seinen Anwender:innen die Möglichkeit bietet, ihre Organisation in mehrfacher Hinsicht zu entwickeln. Von der Verteilung von Autorität und Verantwortung, über konkrete Aspekte der alltäglichen Zusammenarbeit bis hin zur Fähigkeit, die Aufbaustruktur fortwährend anzupassen – Holakratie hat einiges zu bieten. Dadurch können Klarheit und Orientierung erzeugt werden, die in klassischen Organisationen ihresgleichen suchen. Holakratie folgt damit keinem Selbstzweck, sondern unterstützt die Organisation dabei, entlang ihres Daseinszwecks Wirkung zu entfalten.

Mit der Holakratie stellen wir in diesem Buch einen konkreten Ansatz zur Selbstorganisation vor. Darüber hinaus gibt es weitere Spielarten, um selbstorganisierte Arbeitsweisen zu kultivieren, allen voran die Soziokratie. Sie bildet mit ihren Überlegungen und Prinzipien zweifellos ein wesentliches Fundament der Holakratie. Beide Ansätze sind eng verwandt und weisen viele Ähnlichkeiten auf.

Mit Soziokratie 3.0 (auch S3 genannt) existiert ein Angebot aus dem soziokratischen Umfeld, welches eine umfangreiche Zusammenstellung verschiedener Muster und Prinzipien für selbstorganisiertes Arbeiten bereithält (Sociocracy 3.0, 2022). Unabhängig davon hat sich Sociocracy For All (SoFA) als gemeinnützige weltweit aktive Community etabliert. SoFa bietet einfachen Zugang zu Ressourcen, Ausbildung und Umsetzung der Soziokratie als Form für verteiltes

A. Hertel et al., *Selbstorganisation mit Holakratie*, essentials, https://doi.org/10.1007/978-3-662-68777-2_7

selbstorganisiertes Arbeiten. Die Wirkung von SoFA ragt weit über wirtschaftliche Unternehmen hinaus in vielfältige gesellschaftliche Kontexte (Sociocracy for All, 2023).

In den letzten Jahren ist mit dem Loop Approach ein Framework im deutsch- und englischsprachigen Raum verfügbar, welches die Adaption selbstorganisierter Arbeitsweisen mittels freier Informations- und kommerzieller Beratungs- und Trainingsangebote unterstützt. Es ist inspiriert durch soziokratische und holakratische Praktiken, welche allerdings um vielfältige kulturprägende Elemente und ein konkretes Einführungs-Curriculum ergänzt wurden, um Organisationen individuell und skalierbar auf ihrem transformativen Weg in die Selbstorganisation zu begleiten (Klein et al., 2023).

Das sehr konkret formulierte Regelwerk der Holakratie lädt dazu ein, sich vor allem auf das Erlernen der Formalien zu konzentrieren. Das wäre allerdings eine Falle, die zu Überformalisierung und Bürokratie führt und folglich eher als einschränkend und frustrierend erlebt wird.

Neben dem Erlernen der holakratischen Spielregeln gibt es aus unserer Sicht eine komplementäre Voraussetzung, um die Versprechen der Selbstorganisation einzulösen. Der Schlüssel dafür liegt in einer zugewandten, sicheren und resonanten Kultur, die sich im alltäglichen Umgang der Menschen miteinander zeigt. Das Ergebnis davon ist die Fähigkeit, empathisch aufeinander zu reagieren und gleichzeitig Konflikte konstruktiv zu nutzen, ohne überzureagieren.

Der Weg in die Selbstorganisation mit Holakratie ist durchaus lohnenswert, allerdings auch anspruchsvoll. Mentale Modelle wie Hierarchiedenken oder die Angst vor Machtverlust sind nicht leicht zu durchbrechen. An deren Stelle zugewandte Kooperation auf Augenhöhe zu kultivieren, ist eine fortwährende Aufgabe, die jede einzelne Person, jedes Team und die gesamte Organisation gleichermaßen betreffen.

Die strukturellen und kulturellen Aspekte bedingen einander und stehen in ständiger Wechselwirkung. Da jedoch die kulturelle Dimension durch die Holakratie nicht erfasst wird, muss sie für eine lebendige und wirksame Selbstorganisation explizit berücksichtigt werden.

Was Sie aus diesem *essential* mitnehmen können

- Einen Überblick über holakratische Organisationselemente, Meetings und Entscheidungsformate.
- Ein Modell zur Verortung von Spannungen, das dabei hilft, einen geeigneten Lösungsraum zur Verarbeitung des jeweiligen Themas zu finden und dabei Kontextbewusstsein fördert.
- Nicht die Regeln der Holakratie sind der Erfolgsgarant, sondern eine resonante und zugewandte Organisationskultur.

© Der/die Herausgeber bzw. der/die Autor(en), exklusiv lizenziert an Springer-Verlag GmbH, DE, ein Teil von Springer Nature 2024
A. Hertel et al., *Selbstorganisation mit Holakratie*, essentials,
https://doi.org/10.1007/978-3-662-68777-2

Literatur

Breit, E. (2023). *Organisationale Spannungen und Paradoxien in radikal selbst organisierten Unternehmen.* Springer Gabler.

Brewer, M. (1991). The social self: On being the same and different at the same time. *Personality and Social Psychology Bulletin, 17*(5), Article 5. https://doi.org/10.1177/014616 7291175001.

Brown, B. (Regisseur). (2010). *Die Macht der Verletzlichkeit* [TED]. https://www.ted.com/talks/brene_brown_the_power_of_vulnerability?language=de.

Carmeli, A., Reiter-Palmon, R., & Ziv, E. (2010). Inclusive leadership and employee involvement in creative tasks in the workplace: The mediating role of psychological safety. *Creativity Research Journal, 22*(3), Article 3. https://doi.org/10.1080/10400419.2010. 504654.

Choi, S. B., Tran, T. B. H., & Kang, S.-W. (2017). Inclusive leadership and employee well-being: The mediating role of person-job fit. *Journal of Happiness Studies, 18*(6), 1877–1901. https://doi.org/10.1007/s10902-016-9801-6.

Clark, T. R. (2020). *The 4 stages of psychological safety.* Defining the path to inclusion and innovation: Berret-Koehler Publishers.

Cowan, C. (2023, Juli 6). *Holacracy's Core Roles (Constitution v5.0 for Modular Adoption).* Holacracy. https://www.holacracy.org/blog/holacracys-core-roles-constitution-v5-0-for-modular-adoption/.

de Jong, J. (o. J.). The capacity of differentiation and integration. A fundamental principle of evolutionary development. *Evolution at Work.* https://medium.com/evolution-at-work/the-capacity-to-differentiate-and-integrate-a-fundamental-principle-of-evolutionary-development-a360e853e317. Zugegriffen: 28. April 2022.

DFB. (2023, September 19). *DFB Fußball-Regeln 2023/2024.* Fußball-Regeln 2023/2024. https://www.dfb.de/fileadmin/_dfbdam/287914-AU2300707_PL_Broschuere.pdf.

Dietz, G., & Den Hartog, D. N. (2006). Measuring trust inside organisations. *Personnel Review, 35*(5), 557–588. https://doi.org/10.1108/00483480610682299.

Downey, S. N., van der Werff, L., Thomas, K. M., & Plaut, V. C. (2015). The role of diversity practices and inclusion in promoting trust and employee engagement. *Journal of Applied Psychology, 45*, 35–44. https://doi.org/10.1111/jasp.12273.

Edmondson, A. C. (2019). *The fearless organization: Creating psychological safety in the workplace for learning, innovation, and growth.* Wiley.

Ferdman, B. M. (2014). The practice of inclusion in diverse organizations: Toward a systemic and inclusive framework. In B. M. Ferdman & B. R. Deane (Hrsg.), *Diversity at work: The practice of inclusion* (S. 3–54). Jossey-Bass.

Glasl, F., Kalcher, T., & Piber, H. (Hrsg.). (2020). *Professionelle Prozessberatung. Das Trigon-Modell der sieben OE-Basisprozesse* (4. Aufl.). Haupt. https://www.haupt.ch/bue cher/soziales-wirtschaft/professionelle-prozessberatung.html.

Grolimund, D. (2023). *Die Bedeutung von Holakratie in Unternehmen. Impulse für eine funktionierende und lebendige Umsetzung* [Unveröffentlichte Masterarbeit]. Zürcher Hochschule für Angewandte Wissenschaften.

Herzog, J., Zirkler, M., & Hertel, A. (2023). *Soziale Innovationen in der Führung. Potenziale freisetzen durch Partizipation und Vertrauen.* Springer Gabler.

HolacracyOne. (2023a, Juli 11). *Holacracy Constitution Version 5.0.* Holacracy Constitution Version 5.0. https://www.holacracy.org/constitution/5.

HolacracyOne. (2023b, Oktober 29). *Overview HolacracyOne Circle Structure in Glassfrog.* Overview HolacracyOne Circle Structure. https://app.glassfrog.com/organizations/5/org nav/roles/9970/overview

Illahi, L. A. (2016). *Inclusive Leadership and Well-Being. The mediating role of authenticity and moderating role of cultures* [Tilburg school of Social and Behavioral Sciences]. http:// arno.uvt.nl/show.cgi?fid=142181.

Kirchner, B. (1991). *Dialektik und Ethik.* Besser führen mit Fairness und Vertrauen: Springer.

Klein, S., Hughes, B., & Fleischmann, F. (2023). *Der Loop-Approach: Wie Du Deine Organisation von innen heraus transformierst* (2. Aufl.). Campus.

Koestler, A. (1967). *The Ghost in the Machine.* Macmillan. https://books.google.pt/books? id=GobyYUN_Jl8C.

Kotter, J. (1996). *Leading Change.* Harvard Business School Press. https://www.hbs.edu/fac ulty/Pages/item.aspx?num=137.

Kühl, S. (2023). *Schattenorganisation: Agiles Management und ungewollte Bürokratisierung.* Campus.

Kühl, S., & Sua-Ngam-Iam, P. (Hrsg.). (2023). *Holacracy: Funktionen und Folgen eines Managementmodells.* Springer Fachmedien Wiesbaden. https://doi.org/10.1007/978-3-658-40111-5.

Laloux, F., & Wilber, K. (2014). *Reinventing organizations: A guide to creating organizations inspired by the next stage of human consciousness* (First edition (revised)). Nelson Parker.

Li, N., Guo, Q.-Y., & Wan, H. (2019). Leader Inclusiveness and Taking Charge: The Role of Thriving at Work and Regulatory Focus. *Frontiers in Psychology, 10.* https://doi.org/10.3389/fpsyg.2019.02393.

Luhmann, N. (1999). *Funktionen und Folgen formaler Organisation: Mit einem Epilog 1994* (5. Aufl.). Duncker & Humblot.

Luhmann, N. (2014). *Vertrauen* (5. Aufl.). UVK.

Luhmann, N. (2021). *Soziale Systeme: Grundriß einer allgemeinen Theorie* (18. Aufl.). Suhrkamp.

Mitchell, R., Boyle, B., Parker, V., Giles, M., Chiang, V., & Joyce, P. (2015). Managing Inclusiveness and Diversity in Teams: How Leader Inclusiveness Affects Performance through Status and Team Identity. *Human Resource Management, 54*(2), Article 2. https://doi.org/10.1002/hrm.21658.

Newman, A., Donohue, R., & Eva, N. (2017). Psychological safety: A systematic review of the literature. *Human Resource Management Review, 27*(3), 521–535. https://doi.org/10.1016/j.hrmr.2017.01.001.

Petermann, F. (2012). *Psychologie des Vertrauens* (4. Aufl.). Hogrefe.

Pink, D. H. (2017). *Drive: Was Sie wirklich motiviert* (B. Haim, Übers.; 5. Aufl.). ecowin.

Randel, A. E., Dean, M. A., Ehrhart, K. H., Chung, B., & Shore, L. (2016). Leader inclusiveness, psychological diversity climate, and helping behaviors. *Journal of Managerial Psychology; Bradford, 31*(1), Article 1. https://doi.org/10.1108/JMP-04-2013-0123.

Robertson, B. J. (2016). *Holacracy: Ein revolutionäres Management-System für eine volatile Welt* (M. Kauschke, Übers.; 1. Aufl.). Vahlen.

Rosa, H. (2016). *Resonanz. Eine Soziologie der Weltbeziehung.* Suhrkamp.

Rosenberg, M. B. (2016). *Gewaltfreie Kommunikation: Eine Sprache des Lebens* (I. Holler, Übers.; 12. Aufl.). Junfermann.

Rüther, C. (2018). *Soziokratie, S3, Holakratie, Frederic Laloux' „Reinventing Organizations" und „New Work": Ein Überblick über die gängigsten Ansätze zur Selbstorganisation und Partizipation.* (2. Aufl.). BoD.

Schaeppi, J., & Bergmann, B. (2016, Juni 12). *A Data-Driven Approach to Group Creativity.* Harvard Business Review. https://store.hbr.org/product/a-data-driven-approach-to-group-creativity/H0301J.

Schreyögg, G., & Chmielewicz, K. (Hrsg.). (2004). *Enzyklopädie der Betriebswirtschaftslehre. 2: Handwörterbuch Unternehmensführung und Organisation / hrsg. von Schreyögg* (4. Aufl.). Poeschel.

Sociocracy 3.0. (2022). https://sociocracy30.org.

Sociocracy for All. (2023, Oktober 29). Sociocracy for All. https://www.sociocracyforall.org/.

Unterrainer, V. E. (2010). *Groupthink. Ein psychosoziales Phänomen in der Gruppenarbeit.* Akademische Verlagsgemeinschaft.

Wilber, K. (2021). *Integrale Psychologie: Geist, Bewußtsein, Psychologie, Therapie* (6. Aufl.). Arbor.

Yates, F. E., Garfinkel, A., Walter, D. O., & Yates, G. B. (1988). *Self-organizing systems: The emergence of order.* Springer.

Zirkler, M., & Herzog, J. (2021). Inklusive Leadership: Die Gestaltung von Zusammengehörigkeit als zentrale Herausforderung in der digitalen Arbeitswelt. *Wirtschaftspsychologie, 23*(3), 6–31.

Printed in the United States
by Baker & Taylor Publisher Services